Inserção do Talento e da Força de Trabalho de Profissionais Refugiados nas Organizações Brasileiras

MITOS E VERDADES

Inserção do Talento e da Força de Trabalho de Profissionais Refugiados nas Organizações Brasileiras

MITOS E VERDADES

Carlos Eugênio Friedrich Barreto

Denize Athayde Dutra

Lilian Rauld

QUALITYMARK

Direção Editorial	Produção Editorial
SAIDUL RAHMAN MAHOMED editor@qualitymark.com.br	**EQUIPE QUALITYMARK**
Capa	Editoração Eletrônica
EQUIPE QUALITYMARK	**PSDESIGNER**

CIP-Brasil. Catalogação-na-fonte
Sindicato Nacional dos Editores de Livros, RJ

B261i

Barreto, Carlos Eugênio Friedrich
Inserção do talento e da força de trabalho de profissionais refugiados nas organizações brasileiras : mitos e verdades / Carlos Eugênio Friedrich Barreto, Denize Athayde Dutra, Lilian Rauld. – 1. ed. – Rio de Janeiro : Qualitymark Editora, 2019.
132 p. ; 21 cm.

ISBN 978-85-414-0360-3

1. Administração de Pessoal – Brasil. 2. Refugiados – Brasil. I. Dutra, Denize Athayde. II. Rauld, Lilian. III. Título.

19-58788 CDD: 658.3086914(81)
CDU: 005.95-054.73(81)

Vanessa Mafra Xavier Salgado - Bibliotecária - CRB-7/6644

2019
IMPRESSO NO BRASIL

Qualitymark Editora Ltda.	**www.qualitymark.com.br**
Rua José Augusto Rodrigues, 64 – sl. 101	**E-mail: quality@qualitymark.com.br**
Polo Cine e Vídeo – Jacarepaguá	**Tels.: (21) 3597-9055 / 3597-9056**
CEP: 22275-047 – Rio de Janeiro – RJ	**Vendas: (21) 3296-7649**

Sobre os Autores

Carlos Eugênio FriedrichBarreto

Doutor em Ciências Sociais (Responsabilidade Social Corporativa) – PUC/SP, Mestre em Administração (Planejamento e Estratégias de Marketing) – PUC/SP, especialista em Gestão Estratégica /UCAM – Universidade Candido Mendes/RJ e graduado em Administração/UFAM – Universidade Federal do Amazonas/AM. Consultor empresarial em estratégia e marketing. Sua experiência profissional inclui o cargo de gerente de vendas da Shell Brasil e gerente de filial da Texaco Brasil. Professor convidado de Gestão Estratégica e Gestão de Marketing nos programas MBA da FGV – Fundação Getúlio Vargas. Autor e coautor de vários artigos e livros de Marketing e Gestão. Acumula mais de 40 anos de experiência organizacional.

Denize Dutra

Doutoranda em Administração. Mestre em Administração Pública pela EBAPE – FGV, pós-graduada em Gestão Empresarial e em Educação. Certificação internacional pelo ICI em *Coaching* Integrado. Coordenadora do MBA em Gestão de Recursos Humanos e Desenvolvimento Humano do Gestor e de Soluções Customizadas da FGV. Psicóloga Organizacional com 38 anos de experiência em desenvolvimento de pessoas, tendo atuado em diversas organizações brasileiras públicas e privadas e em empresas no exterior. Diretora da Denize Dutra Gestão e Desenvolvimento. Consultora Internacional do Projeto Delfim (União Europeia – 2000), Professora Convidada da Universidade de Coimbra (2008). Conferencista em eventos nacionais e internacionais, autora de diversos artigos sobre RH e Gestão de Pessoas. Organizadora e autora do livro *Recursos Humanos: transformando pela gestão* (2018). Membro da ABRH- SP e da APG -Associação Portuguesa de Gestão.

Lilian Rauld

MBA em Gestão Estratégica e Econômica de Recursos Humanos com trabalho de conclusão de curso desenvolvido na Inserção de Refugiados no mercado laboral/FGV. MBA em Comunicação Estratégica/Adolfo Ibáñez-Chile. MBA em Marketing/UCM – Espanha.Atualmente é responsável pela área de Diversidade & Inclusão da Sodexo On-site do Brasil. Anteriormente atuou nas áreas de Comunicação, Qualidade de Vida e Remuneração e Benefícios. Expatriada do Chile para o Brasil em 2013, trabalhou em grandes companhias multinacionais na Espanha, nos Estados Unidos e no Chile.

Membro do Grupo Diretor da REIS, membro do Grupo de Mulheres do Brasil. Conferencista do tema refúgio nos Estados Unidos e na França. Autora de artigos no tema de Diversidade e de Inclusão de Refugiados.

Agradecimentos

Agradecemos às pessoas refugiadas de todo o mundo, em especial àquelas que buscaram no Brasil a sua segunda Pátria, pela coragem e por nos dar a oportunidade de conhecer as dificuldades e a complexidade de vossas escolhas. Também ratificamos nossa crença no respeito à dignidade humana como base fundamental para a construção de uma sociedade fraterna, justa, ética e sustentável.

A inclusão do talento, da força e da figura humana do trabalhador refugiado no mercado brasileiro é uma causa que apoiamos e a ela dedicamos os direitos autorais desta obra. Torcemos para que todos encontrem o seu segundo lar e dele recebam a acolhida e a paz merecidas e necessárias à retomada e ao reinício de uma nova vida alimentada por novos sonhos e realizações, com saúde e sucesso ao lado de seus familiares, novamente.

Sumário

Apresentação

A proteção dos Refugiados constitui um dos grandes desafios globais da atualidade, abarcando todos os continentes, inclusive a América do Sul, e envolvendo não somente os governos, mas as diferentes instâncias e organizações que compõem as sociedades dos países de acolhida. Nesse sentido, o papel do setor privado, especialmente das empresas, é de fundamental importância, na medida em que é um dos segmentos cujo engajamento pode implicar um processo exitoso para a autossustentabilidade e autonomia da população refugiada, que ao final leva à integração ao país de acolhida.

O Brasil tem sido um bom exemplo de engajamento da sociedade civil, demonstrando, a cada ano, sua capacidade de acolhida e integração dos refugiados. Essa capacidade não está vinculada apenas a mudanças na legislação ou nas políticas públicas, mas à participação ativa de outros setores da sociedade, como a academia e o setor privado. Este estudo é de grande importância não somente para a análise da evolução dos processos de apoio à integração dos refugiados ao mercado de trabalho, os desafios e sucessos e as mudanças necessárias para ampliar o acesso dos refugiados a empregos formais, mas também aporta contribuições efetivas para o maior engajamento de empresas e outros atores privados ao tema.

Hoje, mais de 800 empresas brasileiras fazem parte do Pacto Global, o que indica o compromisso e a responsabilidade do setor privado com a sociedade brasileira, assim como a compreensão da importância da diversidade no ambiente empresarial. Os refugiados muitas vezes precisam abandonar seus países em função de guerras e perseguições e têm de deixar tudo para trás, mas não chegam de mãos vazias aos países que os acolhem, levam conhecimentos que inovam processos, capacidades profissionais, resiliência e vontade de reconstruir suas vidas. Além disso,muitos têm capacidade empreendedora e outras habilidades que contribuem para o crescimento dos negócios. Os autores têm uma longa trajetória no engajamento do setor privado com as necessidades dos refugiados. Esse conhecimento e experiência tornam a presente obra uma referência para as empresas e os profissionais de recursos humanos, para que conheçam os desafios e as oportunidades na contratação de pessoas refugiadas.

Como representante da ACNUR, apoiamos projetos que garantam a inserção da população refugiada à sociedade e que contribuam com a integração socioeconômica e produtiva de todos aqueles que buscam refúgio no Brasil. Esperamos que outros setores da sociedade também se unam não somente na proteção e acolhida dos refugiados, mas também no apoio a ações que desenvolvam seus potenciais para a reconstrução de uma vida digna no Brasil.

Isabel Marques

Introdução

Há tempos o tema refugiado tem sido parte de nossas vidas. Tanto pelos meios de comunicação quanto na rotina do cotidiano, estamos sempre em contato com essa grave e desconfortável realidade social que se tornou uma grande preocupação mundial.

Ainda que o Brasil mantenha uma tradição de acolhimento, isso não nos exclui dos desafios relativos ao tratamento dessa questão, tanto no âmbito governamental quanto da sociedade civil organizada por meio das ONGs, como das empresas privadas na função de geradoras de oportunidade de trabalho e renda para essas pessoas reconstruírem suas vidas.

Embora sejam poucas as organizações brasileiras que têm inserido em sua força de trabalho profissionais refugiados, a área de Recursos Humanos das empresas precisa adotar uma posição cada vez mais estratégica e preparar-se para lidar com os desafios de um mundo globalizado e com questões sociais muito complexas e urgentes, como é a situação dos refugiados.

O propósito desta obra é compartilhar conteúdos, informações e experiências sobre como aproveitar a força de trabalho dos refugiados no quadro de colaboradores das organizações no Brasil, promovendo a multiculturalidade e a geração de valor para os resultados do negócio, bem como contribuir para uma sociedade mais justa e democrática, geradora de oportunidades para todos, conforme SEN(2000), é a base para o desenvolvimento social sustentável.

Para a concretização desse propósito realizamos, além de pesquisa bibliográfica, uma pesquisa de campo com instituições que promovem acolhida, apoio e integração dos refugiados, empresas contratantes, refugiados contratados e pessoas refugiadas ainda em busca de oportunidade de trabalho.

A pesquisa mostrou a grande falta de informação e o preconceito existentes no país sobre o tema, assim como as dificuldades que as organizações e refugiados enfrentam no momento de procurar um caminho que os aproximem. Também demonstrou o alto nível de comprometimento e gratidão dos refugiados contratados para com as empresas que lhes dão a oportunidade e estas, por sua vez, percebem melhorias no clima organizacional.

O capítulo 1 faz uma retrospectiva histórica e apresenta uma visão geral sobre a situação dos refugiados no mundo.

O capítulo 2 aborda o panorama dos refugiados no Brasil e o capítulo 3 expõe o mercado de trabalho para refugiados em nosso país.

O capítulo 4 mostra a importância do multiculturalismo e seus impactos para as organizações e para a sociedade.

O capítulo 5 explora as oportunidades e os desafios das organizações com a inserção do trabalhador refugiado em seus quadros de pessoal, explorando essa decisão estratégica como vantagem competitiva em um ambiente de negócios global, multicultural e complexo, bem como trata a perspectiva da responsabilidade social como elemento essencial para um negócio sustentável.

O capítulo 6 muda o foco da análise social e organizacional para a perspectiva individual, trazendo elementos relacionados aos aspectos psicológicos e emocionais do refugiado.

O capítulo 7 apresenta uma reflexão do papel fundamental das lideranças para que a causa da inserção da força de trabalho de refugiados seja bem-sucedida nas organizações.

O capítulo 8 aponta para os desafios do profissional de recursos humanos na construção de políticas, estratégias e processos que consolidem a decisão estratégica da empresa de incluir refugiados em seus quadros de pessoal.

Os anexos A e B apresentam os manuais criados para as empresas e para os próprios refugiados, dando orientações básicas que facilitam a contratação deles, observando as diretrizes legais do país.

Considerando a escassa oferta de literatura sobre o tema, esta obra tem por objetivo trazer sua modesta contribuição inicial a todas as empresas, organizações, *stakeholders* e gestores envolvidos nessa ação. Os autores pretendem que este trabalho possa ajudar gestores e organizações na reflexão sobre seu papel e os impactos sociais e humanos de suas decisões ao contratar pessoas na condição de refugiados para compor seu quadro de talentos.

◇◇◇ 1 ◇◇◇

Conceitos e Dados Histórico-Sociais dos Refugiados

Entendendo a Relação do Homem com seu Espaço

A história registra que as sociedades humanas existem há mais de dez mil anos. Segundo Hofstede (1991), estudos arqueológicos registram que os primeiros humanos eram **nômades** e se mantinham do extrativismo puro, caça e pesca. Decorridos alguns milhares de anos alguns grupos se fixaram à terra, tornando-se agricultores. Paulatinamente, com a evolução de algumas comunidades agrícolas nasceram as primeiras colônias, que evoluíram para vilas, posteriormente, transformando-se nas primeiras cidades.Os mais antigos registros arqueológicos encontrados de ruínas de **cidades** remontam à Revolução Neolítica, por volta de 4.000 a 3.000 a.C.

A constituição das cidades, na Antiguidade, tinha por objetivo ser centro de comércio e, ou também, como fortificações de guerra contra inimigos. Percebe-se, nas cidades do período, o início da divisão do trabalho e a utilização de meios de troca, como conchas e pedras semipreciosas, no comércio. As cidades surgiram inicialmente como pequenas aldeias às margens de rios. Com o crescimento populacional e das atividades, passaram a constituir cidades mais complexas. Os principais locais de surgimento das cidades foram ao longo dos vales dos rios Tigres e Eufrates, na Mesopotâmia; do Nilo, no Egito; do rio Indo, na Índia; do Yang-Tsé- Kiang e HuangHO, na China; e do San Juan, na Mesoamérica (BRASIL ESCOLA, 2019).

No território europeu, a primeira civilização de destaque foi a grega, cujos registros das cidades-estados remontam aos séculos VIII a VI a.C. As cidades gregas eram centros comerciais, religiosos, políticos e artísticos, com autonomia organizacional em relação às demais. Dentre elas, as mais conhecidas foram Atenas e Esparta, que durante séculos dominaram o comércio no Mar Egeu e em parte do Mediterrâneo, deixando também como importante legado aspectos filosóficos, políticos (democracia), jurídicos, militares e artísticos, até hoje perceptíveis.

Esse resgate histórico mostra como a humanidade foi construindo sua relação com o espaço, cuja apropriação foi gerando o sentimento de pertença daquele reino, daquele povo, daquela nação. Em contrapartida, o tema do refúgio é tão antigo quanto a humanidade. Por razões políticas, religiosas, sociais, culturais ou de gênero, milhões de pessoas já tiveram que deixar seus países e buscar proteção internacional em outros.

Em razão dos conflitos existentes em várias partes do mundo, o número de refugiados, seja por perseguição política ou religiosa, seja por diversos tipos de discriminação, tem aumentado exponencialmente nos últimos tempos. São milhares de pessoas que a cada ano abandonam seus países, suas famílias e suas próprias histórias em busca de uma nova vida.

Um dos principais problemas nas agendas dos governos do mundo em termos populacionais é a crise dos refugiados, tanto que já se fala do maior êxodo de pessoas desde a Segunda Guerra Mundial.Já não é novidade assistir, em noticiários, as travessias em embarcações, que em muitas ocasiões naufragam, as quais centenas de pessoas se submetem para chegar às costas dos países europeus. Ou uma grande quantidade de caminhantes com seus filhos nos braços em longas jornadas sem descanso, permanecendo em acampamentos nas cidades próximas às fronteiras, expostos às intempéries, muitas vezes sem conseguir alcançar o tão almejado destino.

O mundo possui cada vez menos fronteiras. Isso cria um desafio tanto para os governos quanto para as organizações do setor privado, que devem desenvolver ações que suportem as equipes com novas contratações de estrangeiros de forma a ajudar, de alguma forma, essas pessoas a se reintegrarem nas sociedades de forma legal e ativa. Não é novidade termos, nas empresas, colegas que falam outra língua, que precisam de espaço e tempo para orar, precisam de apoio para regularizar seus documentos pessoais, acertar sua situação profissional,o que demanda apoio e serviços específicos.

Panorama dos Refugiados no Mundo

O conceito de refugiado foi regulado pela Organização das Nações Unidas (ONU) por meio da Convenção das Nações Unidas relativa ao Estatuto dos Refugiados aprovada no ano de 1951 em Genebra. Inicialmente, limitava-se a proteger refugiados após a Segunda Guerra Mundial, mas o Protocolo de 1967 expandiu seu escopo. O artigo 1º da Convenção, alterado pelo protocolo de 1967, dá a definição de refugiado como sendo:

> Toda pessoa que, em razão de fundados temores de perseguição devido a sua raça,religião, nacionalidade, associação a determinado grupo social ou opinião política,encontra-se fora de seu país de origem e que, por causa de ditos temores, não pode ou não quer fazer uso da proteção desse país, ou que, se não tem nacionalidade e se encontra fora do país em que residia como resultado de tais eventos, não pode ou,em razão daqueles temores, não quer regressar a ele. (ACNUR, 2015).

Uma em cada cento e dez pessoas, em todo o mundo, foi forçada a deixar seu local de origem por diferentes perseguições, conflitos, violências ou violações de direitos humanos. São aproximadamente 68,5 milhões de pessoas, dentre elas 40 milhões de deslocados internos, 25,4 milhões refugiados e 2,8 milhões solicitantes de refúgio. O número de novos deslocamentos equivale a 20 pessoas sendo forçadas a sair de suas casas a cada minuto. Importa destacar que 84% dessas pessoas são acolhidas por regiões em desenvolvimento. Esses são os dados do final do ano de 2017 do Alto Comissariado das Nações Unidas para os Refugiados. (ACNUR, 2018).

ACNUR é a sigla para Alto Comissariado das Nações Unidas para Refugiados, órgão responsável por dirigir e coordenar a ação internacional que protege e ajuda as pessoas deslocadas em todo o mundo a encontrar soluções duradouras.

Dos 25,4 milhões de refugiados, pouco mais de um quinto são palestinos sob os cuidados da UNRWA, a Agência da ONU para Refugiados da Palestina. Entre o restante, que está sob o mandato do ACNUR, dois terços vêm de apenas cinco países: Síria, Afeganistão, Sudão do Sul, Mianmar e Somália. A Síria vive uma guerra civil desde o ano de 2011, o Iraque encontra-se em uma guerra de longa duração, o Afeganistão e o Iêmen também passam por uma intensa guerra civil.

Em todos esses países mencionados e muitos outros, observamos um êxodo massivo de pessoas fugindo por não ter seus direitos protegidos em seus países de nascimento. Por isso, o objetivo do ACNUR é assegurar que qualquer pessoa, em caso de necessidade, possa exercer o direito de buscar e obter refúgio em outro país e, caso deseje, regressar um dia ao seu país de origem.

Os refugiados têm direitos e obrigações iguais a qualquer outro estrangeiro residindo legalmente em um país. Entre os direitos estão um asilo seguro, proteção internacional que abrange segurança física, direitos civis, econômicos e sociais, educação, assistência médica e direito ao trabalho. As obrigações incluem o respeito às leis do seu país de acolhida, entre outras. O ACNUR esforça-se para assegurar que os refugiados tenham condições de se tornarem autossuficientes o mais rápido possível, o que pode requerer atividades convencionais geradoras de rendas ou projetos de formação profissional.

É de suma importância para esta obra destacar a diferença entre refugiados e migrantes. **Migrantes** são todas as pessoas que deixam seus países para se estabelecer em outros de **forma voluntária** por razões de pobreza, melhores oportunidades, mais acesso ao trabalho ou melhoria na saúde e educação. **Refugiados**, porém, são aquelas pessoas que foram **obrigadas a deixar seus países de origem por causa de um fundado temor de perseguição.** Para essas pessoas, segurança e proteção não encontradas em seus países de origem são primordiais, colocando as condições econômicas em segundo plano. Em hipótese alguma serão consideradas refugiadas pessoas que cometeram crimes hediondos, de guerra, contra a humanidade e a paz ou que participam de atos terroristas ou de tráfico de drogas.

As razões para a perseguição podem ser muito diferentes: étnicas, políticas, religiosas, questão de gênero, orientação sexual etc. Em todas elas, essas causas provocam medos e produzem riscos à vida, o que as torna **refugiados,** internacionalmente reconhecidos, com acesso à assistência dos Estados, do ACNUR e de outras organizações como objetivo de proteção a refugiados. A missão do ACNUR é atuar para encontrar soluções aos problemas dos refugiados tanto nos países de origem quanto nos de acolhimento por meio de diversas organizações nãogovernamentais (ONGs).

Em 2017, o número de pessoas refugiadas de guerras, violência e perseguições bateu um novo recorde pelo quinto ano consecutivo. Segundo o relatório anual Tendências Globais publicado em 2018, da Agência da ONU para Refugiados (ACNUR), 25,4 milhões foram obrigados a cruzar fronteiras, tornando-se refugiados.

◇◇◇ 2 ◇◇◇

Panorama do Refugiado no Brasil

Primeiramente, é importante sinalizar a tradição histórica do Brasil de atrair e acolher pessoas de várias nacionalidades, que contribuem ativamente para a formação de um povo diverso, aberto e tolerante. O Brasil é um país cuja formação histórica de sua sociedade aconteceu com base na presença de imigrantes de todos os cantos do mundo, especialmente portugueses, italianos, espanhóis, alemães e japoneses – o Brasil, no início do século 20, era uma terra de imigrantes.

O Brasil faz parte da Convenção Internacional sobre o Estatuto dos Refugiados de 1951 e do Protocolo de 1967, além de integrar o Comitê Executivo do ACNUR desde 1958.De acordo com esses tratados, poderá solicitar refúgio no Brasil o indivíduo que, em decorrência de fundado temor de ser perseguido por motivos de raça, religião, nacionalidade,pertencimento a grupo social específico ou opinião política, encontre-se fora de seu país de nacionalidade e não possa ou, por causa de tal temor, não queira retornar a ele.

O número de refugiados reconhecidos no Brasil é pequeno comparado a outros países do mundo. Até o final do ano de 2017, o país reconheceu o estatuto de refugiado a 10.145

pessoas de diversas nacionalidades. Desse número, somente 5.134 continuam no Brasil, residindo especialmente em São Paulo (52%), Rio de Janeiro (17%) e Paraná (8%),segundo o Comitê Nacional para os Refugiados (CONARE) de abril de 2017, e mais de 86.000 solicitações de refúgio encontram-se em trâmite, segundo a Polícia Federal do Brasil. Pessoas de origem síria representam 39% da população refugiada no Brasil. É o grupo de maior representatividade, seguido da República Democrática do Congo (13%), Colômbia (10%), Angola (8%) e Palestina (5%).

Desde 2017, mais de três milhões de venezuelanos deixaram seu país pelas condições que vivem e a OEA (Organização de Estados Americanos) prevê que, para 2019, mais de cinco milhões terão abandonado o país.A maioria deles foi para a vizinha Colômbia, outros para a Argentina, Chile, Equador e Peru. Uma minoria deles chegou ao Brasil para solicitar refúgio, um total que hoje soma mais de 90.000 pessoas. Um ponto determinante para essa movimentação é o idioma, por ser o Brasil o único país latino-americano que não fala a língua hispana, o que representa uma dificuldade a mais a ser superada.

Quanto à demografia, segundo o CONARE, a maioria deles, 71%, são homens,e 29% são mulheres. Por faixa etária, 44% estão entre 30 a 59 anos, 33% entre 18 a 29 anos e as crianças de zero a 12 anos representam 14%.

A política brasileira avançou significativamente no acolhimento dos refugiados,sobretudo com a promulgação da Lei nº. 9.474, de 22 de julho de 1997, a qual "define mecanismos para a implementação do **Estatuto dos Refugiados** de 1951, e determina outras providências". Essa lei determina, entre outros, o conceito de refúgio no Brasil, as normas aplicáveis aos pedidos de refúgio e autorizações, e cria o CONARE, órgão de deliberação coletiva no âmbito do Ministério da Justiça. Entre as competências mais relevantes do CONARE está a de analisar, em primeira instância, o pedido de condição de refugiado e declarar o reconhecimento, além de decidir também em primeira instância, a cessação da condição de refugiado.

O Brasil recebe muitos elogios de órgãos internacionais por seu tratamento aos refugiados. O ACNUR também aponta que o Brasil é um dos poucos países da América do Sul a ter um programa de reassentamento voltado especificamente para refugiados em situações de maior vulnerabilidade. Estabelece o procedimento para determinação, término e perda do status de refugiado, os direitos e deveres dos refugiados e as soluções duradouras para essa população.

A Lei Brasileira do Refúgio trata como refugiado todo indivíduo que deixa seu país de origem devido a um receio fundado de ser perseguido por motivos de raça, religião, nacionalidade, grupo social ou opinião política imputada, ou por causa de uma severa e generalizada violação dos direitos humanos no país de origem.

A nova **Lei de Migração** de 2017 tem dispositivos que podem ajudar a desbloquear o sistema de refúgio. Entre eles está a possibilidade de conceder vistos humanitários temporários, que podem cobrir desastres naturais e outras situações mais amplas – incluindo questões relacionadas à concessão de vistos de trabalho.A nova legislação de migração está avançando muito nessa direção, pois insere a questão dos direitos humanos na política de migração, mesmo com o conjunto de vetos. Além da boa legislação, avançada e consistente nos tempos em que vivemos, é importante que os agentes públicos sejam sensibilizados para a questão.

O governo federal decidiu conceder vistos humanitários aos venezuelanos que chegaram ao Brasil em fuga do caos social no país vizinho. O fluxo migratório começou em 2015 e acelerou-se com o agravamento da crise econômica e a escassez de alimentos na Venezuela. Atualmente, as estimativas feitas pela Universidade Federal de Roraima apontam que já são mais de dez mil imigrantes venezuelanos vivendo naquele estado.

Há venezuelanos que reivindicam perseguição política, mas também há casos de pessoas relatando a falta de acesso a remédios, mantimentos, total impossibilidade de permanecer no país. Nesse sentido, há a violação dos direitos humanos.

Conforme Art. 1º da Lei Nº 9.474/1997, será reconhecido como refugiado todo indivíduo que:

I. Devido a fundados temores de perseguição por motivos de raça, religião, nacionalidade, grupo social ou opiniões políticas encontre-se fora de seu país de nacionalidade e não possa ou não queira acolher-se à proteção de tal país;

II. Não tendo nacionalidade e estando fora do país onde antes teve sua residência habitual, não possa ou não queira regressar a ele, em função das circunstâncias descritas no inciso anterior;

III. devido a grave e generalizada violação de direitos humanos, é obrigado a deixar seu país de nacionalidade para buscar refúgio em outro país

Qualquer estrangeiro que ingressar no Brasil – de forma documentada ou não documentada – pode solicitar o refúgio às autoridades competentes e essas deverão ouvi-lo e preparar o termo de declaração incluindo as circunstâncias relativas ao ingresso no Brasil e as razões que o fizeram deixar o país de origem.

Recebida a solicitação de refúgio, o Departamento de Polícia Federal emitirá o protocolo – o qual autorizará a estada até a decisão final do processo e permitirá ao Ministério do Trabalho expedir carteira de trabalho provisória para o exercício de atividade remunerada – em favor do solicitante e de seu grupo familiar que se encontre no território nacional. De acordo com o Decreto nº 9.277 de 5 de fevereiro de 2018, com a emissão do protocolo, a Polícia Federal fornecerá gratuitamente o Documento Provisório de Registro Nacional

Migratório. No entanto, o governo brasileiro ainda discute (maio de 2018) a regulamentação do meio de efetivação desse direito. A autoridade competente notificará o solicitante para prestar declarações, havendo o auxílio de intérprete caso seja necessário, e o solicitante deverá preencher a solicitação de reconhecimento da condição de refúgio indicando a identificação completa, qualificação profissional, grau de escolaridade do solicitante e membros do seu grupo familiar, assim como relato das circunstâncias e fatos que fundamentem o pedido, apresentando os elementos de prova pertinentes. Cabe ressaltar que a situação atípica em que se encontra um refugiado deve ser levada em consideração quando houver a necessidade de apresentação de documentos emitidos por seus países de origem ou por suas representações diplomáticas e consulares para o exercício de direitos ou deveres no Brasil. E os processos de reconhecimento da condição de refugiado deverão ser gratuitos e ter caráter de urgência.

Ao Comitê Nacional para os Refugiados (CONARE) compete analisar o pedido, sempre em primeira instância, e declarar o reconhecimento da condição de refugiado; decidir a cessação da condição de refugiado; determinar a perda da condição de refugiado e orientar e coordenar as ações necessárias à eficácia da proteção, assistência e apoio jurídico aos refugiados, aprovando instruções normativas esclarecedoras à execução da lei.

O primeiro encontro do refugiado ao chegar ao Brasil é com o governo. Ele deve se dirigir a uma delegacia da Polícia Federal, onde deverá preencher um formulário e ser entrevistado – caso não fale português, terá a ajuda de um intérprete. A Polícia remete um Termo de Declaração ao CONARE. Após receber o Termo, o CONARE expede uma declaração autorizando a Polícia Federal a emitir o Protocolo Provisório de solicitação de refúgio, que funciona como documento de identidade até a completa análise do caso. Com esse documento, válido por seis meses e renovável até o final do processo, o estrangeiro pode solicitar o Cadastro de Pessoa Física (CPF) e a Carteira de Trabalho e Previdência Social(CTPS) provisórios. Após a solicitação, o CONARE entra em contato com o solicitante para agendar uma entrevista. Esse passo é muito importante para o pedido de refúgio. Por isso,qualquer mudança de endereço deve ser informada à Polícia Federal e ao CONARE.

Caso a solicitação seja aprovada, a Polícia Federal emite o Registro Nacional de Migrante(RNM); se reprovada, o estrangeiro terá um prazo de 15 dias para protocolar recurso na Polícia Federal, que será remitido ao Ministério de Justiça para análise. Se mesmo assim o Ministério decidir negativamente, o solicitante fica sujeito à legislação de estrangeiros em vigor no Brasil (Lei nº. 6.815/80), (ACNUR, 2016).Caso os refugiados voltem para seus países de origem ou se reassentem em outro país, o ACNUR conduz e coordena, com seus parceiros, ações internacionais para a proteção dessas pessoas e a busca de soluções duradouras para seus problemas. O ACNUR monitora o funcionamento da lei com os princípios internacionais e com as autoridades migratórias.

A missão do ACNUR é assegurar os direitos e o bem-estar dos refugiados. A comunicação com eles é fundamental para poder formular as estratégias, pois o ACNUR ajuda a estabelecer o *link* institucional com o sistema nacional de refúgio e a apoiar o fortalecimento das políticas públicas.

◇◇◇ 3 ◇◇◇

Mercado de Trabalho para os Refugiados no Brasil

Entre a população de refugiados no país, só em São Paulo o índice de pessoas sem ocupação é de 38%, e a maioria recorre a empregos informais. Mais da metade das mulheres refugiadas no estado de São Paulo encontra-se sem ocupação no mercado de trabalho ou conta com empregos informais. O dado é do Atlas de Migração do Estado de São Paulo, do Núcleo de Estudos de População da Unicamp (Universidade de Campinas), em junho de 2018.Entre as refugiadas, o índice de desocupação gira em torno de 55%.Já entre a população total de refugiados no estado, o número chega a 38%. Segundo Baeninger (2018), chegou-se a esses números com base nos refugiados que obtiveram seu RNE (Registro Nacional de Estrangeiro) na Polícia Federal em São Paulo. No que diz respeito às mulheres refugiadas no mercado de trabalho, existem questões de gênero que precisam ser superadas. Para as empresas, muitas vezes, não é simplesmente oferecer um emprego: a mulher tem um conjunto de atribuições a serem consideradas – família, filhos etc. É a desigualdade de gênero que acontece na migração refugiada assim como em outros setores da sociedade, pondera a pesquisadora. Nesse quesito destacamos o **Programa Empoderando Refugiadas**, coordenado pela Rede Brasil do Pacto Global, ACNUR e ONU Mulheres.

O projeto, iniciado em 2016, tem como objetivo conscientizar as empresas sobre as amplas vantagens de contratação de pessoas refugiadas e preparar as mulheres para ingressar no mercado de trabalho brasileiro. Por meio de treinamentos e *coaching*, as mulheres participantes do projeto conseguem ampliar seu conhecimento sobre a cultura brasileira, como se apresentar para uma entrevista de trabalho e como preparar um currículo, entre outros aspectos.

Outro obstáculo à inserção dessa população ao mercado de trabalho formal é o grau de escolaridade. Para a maioria dos refugiados, é difícil revalidar diplomas e comprovar o grau de instrução, o que dificulta a procura por trabalho nas mesmas funções exercidas nos seus países de origem.Ou seja, alguém que ocupava um cargo específico em outro país pode se tornar, no Brasil, assistente de alguma coisa. Um administrador, por exemplo, pode ser registrado aqui como auxiliar de administrativo, porque o nível de escolaridade dele não é compatível com a classificação da ocupação no Brasil.Outro ponto importante refere-se aos pagamentos de taxas para revalidar os certificados ou diplomas. Os refugiados domiciliados no estado de São Paulo não precisarão mais pagar taxas de revalidação de seus diplomas de graduação, pós-graduação, mestrado e doutorado. A Lei 16.685/2018 determina que o processo seja feito sem a cobrança de taxas por meio das universidades paulistas.

Outra importante barreira é o idioma, já que os refugiados devem aprender o português para se desempenhar em um trabalho. Alguns deles têm mais facilidade que outros, por isso é importante contar com ONG´s e instituições de apoio, que estão cada vez crescendo mais no Brasil.

Falta de informação é outro ponto fundamental. Assuntos tão simples para brasileiros, como abrir uma conta bancária, são uma dificuldade para todos os estrangeiros, não só refugiados. Muitas vezes esperam meses para conseguir ter um conta corrente em um banco, o que é um requisito fundamental para entrar e trabalhar em uma empresa. A falta de documentos, a burocracia e as divergências nos documentos do país de origem com o Brasil provocam esses conflitos. Carteira de habilitação para dirigir é outro ponto que impede os estrangeiros de começar a trabalhar,quando o trabalho requer habilitação para conduzir veículos.

Apesar dos pontos citados, nas entrevistas feitas com empresas que contratam pessoas em situação de refúgio, percebe-se que os motivos que as levam a contratar refugiados diferem entre si, mas o objetivo é o mesmo – o sentido de responsabilidade social para ajudar o refugiado em sua inserção à sociedade.Essa perspectiva será tratada em um capítulo específico para essa finalidade, em que apontamos os benefícios às empresas que abraçam essa causa.

Cabe salientar que a percepção sobre o perfil do refugiado para todas as empresas entrevistadas é excelente, como se destaca a seguir:

– São pessoas muito educadas e cultas, que valorizam o trabalho a cada dia, com gratidão, comprometimento com o trabalho, com grande respeito à hierarquia e à ordem, força de vontade e grande disponibilidade. Além de inteligentes, são pessoas humildes e como grande motivação para o trabalho, muito educadas, pessoas realmente excelentes. Agradecidas com o trabalho e com a oportunidade, contagiam o ambiente de trabalho positivamente, aumentando assim o comprometimento dos demais membros da equipe, o que melhora o clima organizacional, aumenta o desempenho e a reputação da organização. A maioria dessas pessoas conta com ensino médio e superior completo, com títulos universitários que, na maioria das vezes, não conseguem aplicar no Brasil.

Embora o número de empresas contratando pessoas refugiadas, como se demonstrou, ainda seja pouco significativo, é importante destacar o que essas empresas estão fazendo pelos refugiados e pelo país, organizações que estão outorgando oportunidades para inseri-los na sociedade, entendendo o significado de multiculturalismo e o respeito a esse conceito. Mas não só as empresas sofrem com falta de informação, os refugiados também enfrentam desinformação desde o momento em que chegam ao país, ignorando seus direitos, os documentos que devem obter e onde devem apresentar-se para consegui-los. Já no momento de encontrar um trabalho, eles também padecem de desconhecimento sobre os documentos que precisam apresentar a seus empregadores, como e onde obtê-los, e o funcionamento dos trâmites de pagamentos. O estudo permitiu afirmar que contratar refugiados beneficia as empresas com uma menor rotatividade, pois essas pessoas demonstram uma alta motivação e comprometimento com o trabalho. Evidenciou-se,ainda, que os benefícios para a empresa são também externos, pois a contratação dessas pessoas melhora a imagem corporativa da empresa, demonstrando o orgulho dos funcionários de pertencer a uma empresa que trabalha para ser socialmente responsável. Esse trabalho mostrou também a importância da diversidade e multiculturalismo dentro das organizações, deixando de lado os preconceitos e as discriminações que são geralmente provocadas por medo ou por desconhecimento.

As empresas que viveram e vivem a experiência de contar com o talento e a força de trabalho de refugiados em suas estruturas entendem como essas pessoas contribuem para a geração de um novo clima organizacional, mais colaborativo, mais humano e mais motivado, traduzindo-se em um clima organizacional mais confortável para o trabalho, conforme o caso da Sodexo, exposto a seguir:

Multinacional francesa presente há 40 anos no mercado brasileiro, a Sodexo, empresa de serviços de qualidade de vida, tem hoje mais de 40.000 colaboradores em todo o Brasil, atendendo a mais de 2.000 unidades de negócio. A Diversidade & Inclusão está no DNA da Sodexo, focando em cinco pilares, que são: gêneros, gerações, PcD (Pessoa com Deficiência), Cultura & Origens e Orientação Sexual.

Dentro do pilar de Cultura & Origens, a Sodexo é signatária do **projeto Empoderando Refugiadas**, coordenado pela Rede Brasil do Pacto Global da ONU, em conjunto com a Agência da ONU para Refugiados(ACNUR) e ONU Mulheres, desde que o projeto iniciou, em 2015. A empresa conta hoje com 95 colaboradores refugiados, oriundos de países como Angola, Congo, Senegal, Haiti e Venezuela. Quando já contratados, os esforços da Sodexo concentram-se em garantir um ambiente inclusivo e seguro para que esses trabalhadores possam desenvolver suas plenas capacidades. Para tal, a empresa promove ações de sensibilização,por meio de treinamentos e publicação de manuais aos colaboradores brasileiros abordando a realidade dos refugiados em seus países de origem de forma a desmistificar mitos e preconceitos. Para os ingressos refugiados, promove ações de esclarecimento sobre as diferenças culturais, idiomáticas e hábitos do Brasil, inserindo-os à realidade brasileira.

Segundo a empresa, incluir colaboradores refugiados é mais do que contar com uma força de trabalho oriunda de outro país. Significa prover ao refugiado condições dignas de se reafirmar como cidadão e, aos colaboradores brasileiros, a oportunidade de um intercâmbio de conhecimentos. Essa troca cultural desperta sentimentos de empatia, respeito ao próximo e um ambiente de trabalho mais humanizado e harmonioso.

A atuação com refugiados é apenas uma das vertentes do trabalho da companhia na gestão da diversidade. Referência internacional no tema, a Sodexo foi reconhecida no *ranking* publicado pela Diversity Inc (2017) em sexto lugar dentre as 50 empresas que mais trabalham com diversidade no mundo.

Na estratégia global da companhia, denominada *Better Tomorrow* 2025, um dos nove compromissos do documento diz respeito à diversidade e inclusão. A presença de um *Chief Diversity Officer* (CDO), alguém com posição de destaque na alta direção responsável por conduzir os processos relacionados à diversidade e inclusão,é um diferencial importante da Sodexo. Há poucas cadeiras de CDOs no mundo: atualmente, apenas 20% das empresas que fazem parte da lista da revista Fortune 500 têm um executivo nessa posição.

No ano de 2018 a empresa obteve o Selo Paulista de Direitos Humanos e Diversidade em três categorias,dentre elas a de contratação de refugiados. No mês de abril de 2019, a empresa foi homenageada pela ACNUR pelo seu trabalho com os refugiados, em 10 de maio de 2019, a empresa foi convidada pela Fundação *Tent Partnership for Refugees* para expor sua experiência no *Tent Partnership Annual Meeting,* em Nova York, USA.

◇◇◇ 4 ◇◇◇

Multiculturalismo

Multiculturalismo, ou pluralismo cultural, é um termo que descreve a existência de muitas culturas em um país, região ou cidade. Em contraponto ao Multiculturalismo, podemos constatar a existência do Monoculturalismo, vigente na maioria dos países do mundo e ligado intimamente ao nacionalismo.

Inglis (1996) diz que o multiculturalismo possui três referências distintas: demográfica-descritiva, programática-política e ideológica-normativa. A primeira, demográfica-descritiva, reflete a existência de diversas raças ou etnias em uma sociedade, uma miscigenação cultural que produz significados sociais. A segunda, programática-política, remete a programas e políticas estabelecidas para lidar com a diversidade étnica ou racial. A terceira, ideológica-normativa,constitui um modelo baseado na teoria sociológica e na consideração ético-filosófica que enfatiza a existência da diversidade étnica e a necessidade de assegurara os indivíduos oriundos de culturas não dominantes o acesso equitativo aos princípios constitucionais e aos valores compartilhados na sociedade.

Os refugiados são um exemplo claro de como indivíduos que vivenciam experiências multiculturais demográficas trabalhando, estudando e convivendo em ambientes variados, à medida que se adaptam verdadeiramente à nova cultura, começam a avaliar e rever suas próprias crenças, costumes e tradições, conforme mostram alguns estudos. Tadmor et al.(2012).

O efetivo pertencimento a dois grupos culturalmente distantes (seu país de origem e o recém-adotado), vivenciados de forma aprofundada, exige do indivíduo o desenvolvimento de maneiras inovadoras de pensar e agir, o que fomenta seu potencial criativo na busca pela integração em seu novo ambiente.

Estudos apontam o impacto da multiculturalidade nos resultados das organizações, no clima e especialmente nos processos de inovação, essenciais para um mundo em constante transformação, reconhecendo a adaptabilidade, a liderança e a capacidade de resolução de problemas como um dos benefícios da pluralidade cultural. Bem como os impactos no sucesso do profissional, demonstrando como pessoas que tiveram oportunidade de viver ou trabalhar em culturas diferentes têm tendência a aumentar o sucesso na carreira profissional.

A literatura demonstra que a associação de multiculturalismo com criatividade e inovação é ainda mais frequente,sendo a criatividade, nesse contexto, entendida como um processo por meio do qual algo útil e original é criado. Trabalhar em um ambiente organizacional com pessoas de perfis e culturas diversos nos faz mais criativos, porque nos obriga a fazer maior esforço pela busca da eficiência. Os contatos entre pessoas e empresas de diferentes países, culturas e civilizações tem aumentado gradualmente, acompanhando o ritmo da globalização. Cada vez mais as empresas são confrontadas com outros modos de pensar seus negócios, novas tecnologias, diferentes formas de trabalhar e novos ambientes organizacionais. Dessa forma, é importante que os gestores estejam bem preparados para lidar com essa realidade, conseguindo assimilar todos os benefícios inerentes à multiculturalidade, inclusive de melhoria no clima organizacional e na reputação da empresa, o que tem impacto direto na atração e retenção dos talentos.

É importante destacar que o governo brasileiro está demonstrando uma postura de acolhimento aos refugiados, o que significa que, cada vez mais, estrangeiros refugiados procurem oportunidades de emprego no Brasil, muitos deles com excelentes qualificações profissionais.

Embora o número de empresas contratando pessoas refugiadas seja ainda pouco significativo, é importante destacar o que essas empresas estão fazendo pelos refugiados e pelo país, organizações que estão outorgando oportunidades para inseri-los à sociedade, entendendo o significado de multiculturalismo e o respeito a esse conceito. Tais empresas entendem que o multiculturalismo encoraja o crescimento da tolerância, e tolerância significa suportar a existência do outro e seu modo diferente de pensar e agir.

◇◇◇ 5 ◇◇◇

Desafios e Oportunidades para as Organizações com a Inserção do Trabalhador Refugiado

Contexto Social e Cultural da Organização

Não obstante o Brasil ser visto pela comunidade internacional como um país aberto e receptivo aos refugiados, há que se considerar o nível de desconhecimento sobre os obstáculos legais e burocráticos que eles enfrentam e as dificuldades para integração à sociedade brasileira. Os aspectos legais e burocráticos são apenas a primeira barreira com a qual se deparam, depois aparecem as dificuldades para conseguir moradia, na sequência vêm os obstáculos do idioma – na cidade de São Paulo há oferta de cursos de idiomas tanto por parte do governo como por organizações civis para atender esses necessitados –, também aparecem as dificuldade de acesso ao ensino regular e a convalidação de diplomas de cursos superiores – essa última barreira, enquanto não superada, reduz drasticamente o acesso ao trabalho e à renda, depois a quase impossibilidade de acesso ao serviço de creche pública para deixar as crianças enquanto tentam reorganizar a vida, também a falta de fonte de renda, bem como os desafios para conseguir trabalho –muitas vezes enfrentam discriminação social, religiosa e étnica –, dentre outras.Por mais que sejamos um povo solidário e acolhedor, o estado brasileiro precisa gerenciar o fluxo imigratório, pois caso esse contingente exceda a capacidade de absorção das condições econômicas, o país acabará não conseguindo atender aos refugiados, bem como comprometendo os programas sociais da sua população mais fragilizada.

Quem está na situação de refugiado tem urgência na solução dos seus problemas, que afetam não apenas as questões do seu contexto social e psicológico, como, principalmente, a sua sobrevivência e de seus dependentes. Por isso, o estado brasileiro precisa mobilizar a sua gestão, criando e aprimorando uma legislação e políticas públicas capazes de prover recursos orçamentários e estruturais suficientes para equacionar não só os problemas sociais e econômicos gerados por esses fluxos migratórios, como também promover soluções para a vida dos refugiados acolhidos pelo país. Certamente, o Brasil precisa manter políticas de acolhimento a refugiados; trata-se, antes de tudo, de uma grave questão humanitária. Entretanto, os recursos orçamentários, de infraestrutura e institucionais são limitados, pois um país que conta com algo em torno de treze milhões de pessoas desempregadas, como é de amplo conhecimento, também precisa dividir os recursos com os carentes de sua população.

O Perfil Cultural e Profissional do Refugiado

A diversidade cultural advinda dos refugiados pode transformar-se em uma força propulsora às organizações. Segundo o professor William Boulding, reitor da Fuqua School of Business, dos Estados Unidos, "estamos vendo sociedades cada vez mais divididas pelo mundo político" (ARCOVERDE, 2019, p. B2). Essas divisões frequentemente produzem os refugiados que chegam carregados de necessidades, também com uma carga significativa de diferenças culturais e modo de pensar. As diferenças culturais ajudam a organização na promoção de uma cultura multifacetada, o que pode contribuir para uma empresa mais resiliente e mais adaptativa à diversidade, desenvolvendo a capacidade de identificar nuances e novas oportunidades de mercado antes despercebidas. Parte significativa do contingente de refugiados vem dotada de excelente formação e grande experiência profissional. Essa diversidade cultural, de formação e experiência profissional, se bem aproveitada, pode se transformar em vantagem competitiva para as empresas. Os movimentos migratórios, não apenas de refugiados, promovem, na sociedade, em escala mundial, uma grande mistura de raças e culturas diversas. Na medida em que a sociedade se globaliza, seus hábitos e costumes afetam, de modo diverso, a cultura de cada país.

As organizações precisam entender o fenômeno da mudança social, que hoje ocorre em escala global e com velocidade acelerada pelo advento da tecnologia da comunicação, sobretudo promovido pelo fenômeno das redes sociais e demais facilidades promovidas pela *Internet.* As organizações precisam acompanhar essas mudanças, não as limitando ao seu portfólio de produtos e serviços, na intenção de atender consumidores com gostos e preferências diferentes, contudo, as incorporando à sua estrutura orgânica. Para se manterem integradas e alinhadas às mudanças sociais, é necessário que as empresas criem políticas de inclusão social de pessoas em situação de refugiados, adaptando-se à nova ordem. O refugiado, ao ser recebido pela empresa, tendo resgatada a sua dignidade com a chance de recolocar sua vida pessoal, profissional, financeira e de sua família em ordem, retribuirá essa acolhida com elevado empenho e dedicação, prestando o seu melhor como reconhecimento e gratidão pela acolhida. Desse modo, no cumprimento dos objetivos de seus negócios, as empresas prestam sua parcela de contribuição para a construção de uma sociedade mais íntegra e mais justa, ajudando no desenvolvimento sustentável.

Origem e Fundamentos da Responsabilidade Social das Organizações

No mundo inteiro, responsabilidade social empresarial se manifesta como resposta às pressões mais imediatas oriundas dos empregados/colaboradores, seguida pela sociedade, como um todo, e pelo Estado. Esse assume, frequentemente, em relação aos anteriores, o papel de mediador e regulador, tendo em vista a participação bastante marcante da Igreja Católica, ainda que na posição de coadjuvante e orientadora de muitas ações e iniciativa da sociedade.

> A responsabilidade social das empresas é, essencialmente, um conceito segundo o qual as empresas decidem, numa base voluntária, contribuir para uma sociedade mais justa e para um ambiente mais limpo. Essa responsabilidade manifesta-se em relação aos trabalhadores e, mais genericamente, em relação a todas as partes interessadas afetadas pela empresa e que podem influenciar os seus resultados. (COMISSÃO DAS COMUNIDADES EUROPEIAS, 2001:4).

Talvez, na história da sociedade industrial, a mais antiga manifestação de responsabilidade social empresarial seja expressa pelos direitos dos trabalhadores assegurados pela legislação trabalhista e seguridade social. Em cada país, conforme a sua história de luta política das organizações trabalhistas, a participação dos partidos políticos e a interveniência do estado ou até mesmo as ações conjugadas entre os três, essa história de conquistas, muitas vezes marcada pela violência, fruto, às vezes, da intransigência do capital e outras marcada por manifestações de radicalismo ideológico dos próprios trabalhadores, orientados pela teoria marxista da luta de classes, foi sendo construída ao longo do tempo e permanece em evolução constante, tendo em vista as mudanças verificadas nos sistemas de produção, atualmente influenciadas, sobretudo, pelo progresso tecnológico.

Observando-se a evolução das relações orgânicas entre Estado, sociedade civil e setor produtivo privado, notam-se gradativas e constantes alterações em suas formas e papel de cada um ao longo do tempo. Mobilizações dos mais diversos tipos, formas e objetivos desenvolvem-se cada vez mais, com diversos graus de intensidade, em várias partes do mundo. Ao mesmo tempo, manifestam-se também a apatia, a indiferença e até mesmo por questões de interesse coletivo em áreas tais como social, econômica e ambiental, por exemplo, seja pelas oportunidades privilegiadas de desfrute econômico e político para alguns, seja por falta de força e poder de influência para promover sua própria sobrevivência. Esses comportamentos vêm provocando enormes abismos entre ilhas de prosperidade e enormes bolsões de miséria, situação que já empurrou grande parte da humanidade a condições de miséria absoluta, vivendo em países com baixíssimo IDH (Índice de Desenvolvimento Humano) e renda aviltante e muito mal distribuída, fato visivelmente observável no Continente Africano, parte do Oriente Médio e América do Sul. (BARRETO, 2003).

O Estado, em dificuldades, já não consegue atender às demandas da sociedade, notadamente aquelas dos segmentos mais desfavorecidos que, proporcionalmente, concentram seus maiores contingentes nos países mais pobres, reduzindo-lhes crescentemente a possibilidade de superar a discriminação de toda ordem e o resgate dos seus direitos econômicos, sociais, políticos e até de sobrevivência. Movida pelas necessidades, decorrentes da carência, a sociedade procura construir sua autonomia e identidade fora da tutela do Estado. Em um processo de reivindicação, busca uma nova forma de encarar o Estado e de agir coletivamente, manifestando suas aspirações e necessidades. Nascem, então, novos atores sociais e políticos, que não só lutam por políticas públicas que os atendam, mas, principalmente, pelo reconhecimento como sujeitos legítimos na construção e efetivação de direitos e de uma cultura política de respeito às liberdades, à igualdade social, à justiça econômica e à transparência das ações do poder público. Segundo Teixeira (2001), surge, assim, nos anos 1970/1980, em vários países da Europa e América Latina, uma sociedade civil organizada por rede de associações, movimentos, grupos e instituições que, articulada com setores liberais e lideranças empresarias, participa ativamente do processo de redemocratização desses países. Nesse espaço, entram dois atores fundamentais, as ONGs – Organizações Não Governamentais –, e a Igreja Católica, capazes de mobilizações em torno de questões pontuais e de grande importância social. As ONGs têm organizado suas atuações com foco em áreas específicas, tais como a social, o meio ambiente, a educacional e a promoção da iniciativa de empreendedores de pequenos negócios. A Igreja Católica mantém-se posicionada com seu discurso em torno das questões ligadas aos valores éticos, morais e da justiça social. Nos países pobres, a exemplo do Brasil, é defensora das causas sociais, por exemplo do Movimento dos Trabalhadores Rurais Sem Terra, amplamente apoiado pela Pastoral da Terra.

Parece bastante óbvio que vários fatores têm forçado as empresas a assumir responsabilidades, até recentemente, tidas como de exclusiva competência do Estado, dentro de um modelo de desenvolvimento sustentável, que vai muito além do desempenho econômico-financeiro do negócio. Didaticamente, poderíamos organizar esses fatores em três grandes grupos. **Primeiro**, o excesso de oferta generalizada e a crescente concentração dos meios de produção em todos os segmentos de negócios, colocando em xeque a criatividade e os modelos de gestão empresarial. A todo momento, a sobrevivência das empresas é desafiada e a redução de custos tem exaurido e destruído organizações inteiras, indistintamente de tamanho e área de atividades. **Segundo**, a incapacidade do Estado em atender às demandas de contingentes sociais crescentemente numerosos. Parece que o avanço do contingente populacional impõe demandas desproporcionalmente superiores à capacidade do Estado em geri-las e satisfazê-las. **Terceiro**, a crise social aumenta a pressão por soluções para os problemas do crescente contingente empobrecido em todo o mundo. Brotam, em todos os lugares, mobilizações sociais: algumas sob a forma de ações comunitárias localizadas; outras de dimensões globais, como movimentos em defesa dos recursos naturais, movimentos em defesa da igualdade econômica e social, como, por exemplo, o Fórum Social Mundial.

A Competição pelo Modelo de Negócio Sustentável

Ter consciência sobre a função desempenhada pela marca de uma empresa, no relacionamento dessa com seu mercado e com a sociedade em geral, é importante para entendermos como esses vínculos se estabelecem. A marca carrega em si os valores éticos, legais e morais que orientam o comportamento da empresa em toda a sua operação e em suas mais diversas relações internas e externas. A semiótica nos mostra que ela traduz atributos dos produtos/serviços vinculados aos valores da empresa tais como inovação, tecnologia, confiabilidade, durabilidade, segurança, pontualidade, garantia, respeito, sustentabilidade, entre outros. Assim, a marca FedEx, da empresa de coleta e entrega de encomendas norte-americana Federal Express, representa pontualidade, traduzindo assim esse compromisso com seus clientes. Portanto, a marca é um elemento vivo e ativo que estabelece relações com sentido de valor entre a empresa, sua oferta de produtos/serviços com o consumidor e com a sociedade em sentido mais amplo. A partir dessas considerações, algumas vezes podemos empregar o termo marca no sentido de empresa.

No mundo atual, orientado por propósitos, cada vez mais a sociedade espera que as empresas e suas marcas tragam não apenas benefícios funcionais com seus produtos e serviços, mas também demonstrem compromisso com a sustentabilidade em suas operações. Isso compreende compatibilizar o equilíbrio entre aspectos econômicos, sociais e ambientais do negócio.Por isso, as empresas estão assumindo essas posições claramente visíveis. Por exemplo, segundo Bharadwaj e Vilá (2018), a"Airbnb utilizou a publicidade do Campeonato de Futebol Americano (*Super Bowl*) para ratificar seu comprometimento com a diversidade. A mexicana Tecate investe pesadamente em programas para reduzir a violência contra mulheres". Desde 1982, a Petrobras patrocina o projeto TAMAR, orientado à preservação das tartarugas marinhas, espécie em risco de extinção, criado em 1980, pelo IBAMA (Instituto Brasileiro do Meio Ambiente e dos Recursos Naturais Renováveis), como demonstração de sua dedicação à preservação da natureza, também promovendo ações sociais envolvendo comunidades na operacionalização do projeto, ao longo da costa territorial brasileira. Outro exemplo é a Natura, fabricante brasileira de cosméticos, que mantém sua operação orientada à sustentabilidade. Parte dos seus insumos são oriundos da floresta amazônica; a empresa estimula comunidades locais à extração sustentável desses recursos naturais, bem como promove geração de renda e organização social e econômica dessas comunidades.

Ainda que a empresa defina com clareza seu propósito social do negócio, não está isenta de enfrentar dificuldades e desafios em sua operação. **Primeiro desafio à gestão – manter-se fiel ao curso**. Isso quer dizer que suas ações precisam manter coerência com o propósito definido. O sucesso depende da legitimidade da alegação da empresa/marca. Mudanças e alegações inconsistentes podem promover dúvidas ou descrédito sobre a integridade e o compromisso social da empresa. Certamente, os programas específicos podem e devem sofrer evoluções, observando as contingências; enfim, inovar é preciso, sempre. Entretanto, o propósito central deve permanecer constante, ordenando todas as ações, manifestações ou projetos sociais mobilizados pela empresa.A californiana Patagônia defende a proteção ambiental desde a sua fundação, em 1973. Suas roupas são produzidas com insumos naturais e/ou recicláveis. A brasileira Natura posiciona-se como defensora da proteção ambiental e social em suas operações. A organização humanitária internacional Médicos Sem Fronteiras tem como propósito social, desde sua fundação, em 1971, levar cuidados de saúde e dignidade humana a pessoas afetadas por crises humanitárias, bem como chamar a atenção para as dificuldades enfrentadas pelos pacientes atendidos em seus projetos. Por que não uma empresa posicionar-se tendo como propósito social a promoção do bem-estar social e da dignidade humana; nesse caso, desenvolvendo ações orientadas a atender esse propósito, por exemplo, contemplando entre suas ações e projetos ofertar capacitação e oportunidade de trabalho a pessoas refugiadas?

Para Olivette (2018), a valorização da diversidade tem contribuído com a inserção de refugiados no mercado de trabalho. Empresas que aderiram ao PARR – Programa de Apoio para a Recolocação dos Refugiados –, em 11 de maio de 2018, já haviam contratado 269 pessoas vindas de Angola, República Democrática do Congo, Nigéria, Síria e Guiné-Bissau. Nessa mesma data, conforme Clarice Martins Costa, diretora de RH das Lojas Renner, Camicado e Youcom, o grupo empregava em seu quando pessoal vinte refugiados em suas unidades na capital paulista. "Essas pessoas têm outra forma de pensar e vieram de uma realidade bastante adversa, essa experiência de vida é enriquecedora para as equipes. Por isso, nos engajamos no projeto", diz a diretora de RH da Lojas Renner.A empresa oferece os cursos de atendimento e vendas no varejo e de modelagem e costura, para preparar as refugiadas para o mercado de trabalho, não necessariamente nas empresas do grupo Renner. Outra organização que tem política e cultura de inserção da diversidade é a seguradora Banco Brasil/Mapfre. Conforme diz Jisley Bontempo, gerente executiva de experiência do colaborador, um dos pilares do conselho de diversidade tem foco em raça e etnia. Isso implica a empresa ajudar no processo de inserção de refugiados, contribuindo com os objetivos de desenvolvimento sustentável (ODS) da ONU – Organização das Nações Unidas. Além disso, é interessante para o negócio trazer pessoas qualificadas para compor as equipes, muitas delas falam diversos idiomas e têm qualificação e experiência profissional que muito agregam à empresa. A gerente conta que, com o PARR e outras empresas,realizou um programa de formação de refugiados para vinte e quatro pessoas que, posteriormente, foram contratadas por ela e por outras empresas. Diz também que a recepção e a forma como eles se inseriram no do dia a dia foi muito positiva, conforme avaliações tanto dos gestores quanto dos seus pares de trabalho. Conhecer e conviver com histórias tão diferentes de pessoas é um aprendizado diário e muito enriquecedor para a empresa sobre como operar seu negócio em meio à diversidade.

Segundo desafio à gestão – estimar o potencial de mercado. Quem propõe ações de ordem social entende que essas iniciativas definitivamente ajudam os negócios a crescer. Isso pode não ser tão verdade, pois, muitas vezes, tais iniciativas podem apenas ajudar o negócio a não diminuir e, em outros casos, nem isso é possível. Ainda que possam promover crescimento, dependerão de uma estratégia cuidadosamente elaborada, por mais que essas ações tenham mérito e reconhecimento pelo mercado. Em geral, as estratégias se baseiam em projeções de impacto nos negócios simples e imperfeitas. Mesmo entre segmentos de clientes que apoiam as iniciativas sociais da empresa, os consumidores, individualmente, em suas decisões de compra, podem levar em consideração a finalidade em vários níveis diferentes quando escolhem o produto ou serviço. Além disso, o tamanho dos segmentos de clientes que são o foco do propósito social da empresa pode variar significativamente por categoria de produto ou serviço, ocasião da compra e área geográfica. Finalmente, os dados sobre a importância dos benefícios sociais são extraídos geralmente de pesquisas com clientes – em oposição ao real comportamento do cliente, já que esse pode exagerar quando fala de sua real intenção de compra. Considerados em conjunto, esses dados podem levar a projeções não confiáveis de crescimento de demanda de mercado.

Terceiro desafio à gestão – é fácil se distrair. Muitas iniciativas de ações sociais de empresas foram lançadas em meio a um grande entusiasmo e depois acabaram desaparecendo sem qualquer repercussão e contribuição. Uma razão é que, em muitos casos, a sedução do – fazer o bem fazendo bem – desvia a atenção dos gestores das necessidades básicas do negócio da empresa. Esses programas não estratégicos muitas vezes, acabam ganhando vida própria, tentando os gestores a expandir e diluir o foco da finalidade da empresa, prejudicando o crescimento do negócio. Ou, preocupados com potenciais controvérsias, os gestores podem distanciar o programa social de outras atividades do negócio da empresa, dando origem a iniciativas inexpressivas para a cadeia de valor do negócio e, pior ainda, roubando orçamento e energia da estrutura organizacional, desagregando a sinergia da empresa.

A Criação de uma Estratégia Socialmente Sustentável

O propósito social da empresa pode nascer com a concepção do seu modelo de negócio. A Patagônia, por exemplo,ao ser concebida por seu fundador Yvon Chouinard, em 1957, já nasceu orientada à sustentabilidade, sobretudo às causas ambientais, entretanto, outras optam por esse propósito tempos após terem iniciado suas operações, como ocorre com as empresas mais antigas, que nasceram antes do despertar da sociedade para a necessidade de se promover o desenvolvimento sustentável. Uma vez definido seu engajamento social, a marca da empresa passa a ter sua identidade definida pela causa abraçada. Imagine o que aconteceria à marca da Patagônia se a empresa desistisse do seu comprometimento com a produção eco amigável? Nativos da finalidade social precisam ser guardiões diligentes de suas identidades, o que para o mercado, geralmente, se traduz no significado da marca empresarial. Entretanto, as grandes empresas, representadas por suas marcas antigas, tradicionais e sólidas, cresceram sem uma estratégia de finalidade social definida e agora estão procurando desenvolvê-la. Porém, até o momento, seu crescimento se baseou em desempenho funcional excelente não relacionado à uma finalidade social mais ampla.

Para desenvolverem uma estratégia com finalidade social, os gestores devem começar identificando um conjunto de necessidades sociais ou ambientais para as quais a empresa possa contribuir significativamente. Provavelmente, poucas empresas começam com uma página em branco – a maioria tem programas corporativos de responsabilidade social em andamento, alguns dos quais podem se tornar aspectos relevantes das proposições de valor da marca. Todavia, focar somente nessas iniciativas pode limitar o potencial de uma estratégia de marca orientada para a finalidade ou desviar os recursos de marketing destinados a estimular o crescimento da marca para as iniciativas corporativas. De acordo com Bharadwaj e Vilá (2018), para criar um conjunto mais abrangente de opções, a empresa deve explorar as ideias da finalidade social em três aspectos: herança da marca, tensões dos clientes e externalidades do produto.

Herança da marca. Entre os vários benefícios que a marca pode oferecer, algumas empresas definem o posicionamento da marca desde o início, o que se torna a razão central do sucesso financeiro e social do negócio. Uma olhada na herança ou tradição da marca – os benefícios mais notáveis que ela oferece aos clientes – pode ajudar os gestores a identificar as necessidades sociais que essa marca tem condições de atender. Por exemplo, desde seu lançamento, em 1962, o sabonete Neutrogena, de propriedade da norte-americana Johnson &

Johnson desde 1994, conformeBlogspot.com (2006), tem sido anunciado como um produto destinado a pessoas que tenham pele muito sensível e não suportem a permanência de qualquer tipo de resíduo após lavar o rosto, pois isso pode lhes causar algum tipo de irritação. Promover conforto e bem-estar aos seus usuários tem sido o valor que define no posicionamento dessa marca, desde então. Portanto, a empresa identifica a marca como produto de saúde, não de limpeza, tanto que o sabonete Neutrogena é distribuído por farmácias e drogarias, nunca por supermercados. Assim sendo, faz sentido a marca focar nas necessidades sociais associadas à percepção de conforto e bem-estar das pessoas.

Tensões dos clientes. Uma exploração muito ampla das questões sociais relevantes para nossa base de clientes provavelmente levará a uma lista muito longa para ser aproveitável, o que, inevitavelmente, implicará dispersão e falta de foco, gerando posicionamento e identidade duvidosa para a marca. Diante disso, a empresa precisa focar naquilo que for mais intenso e significante para a sociedade, diante de várias tensões que a sociedade moderna vive, tais como – questões de gênero, questões étnicas, questões políticas, questões econômicas, questões migratórias, questões de ordem religiosa, entre outras. Para reduzir suas opções, analise as "tensões culturais" que afetam seus clientes e estão relacionadas com sua herança da marca. Essas tensões se referem ao conflito sentido pelas pessoas quando sua experiência entra em choque com a ideologia prevalecente na sociedade. A marca pode se tornar mais relevante e identificada socialmente com seus clientes se atender aos seus desejos, dissolvendo essas tensões. Exemplo marcante é o caso da grife de moda italiana Benetton, que durante muito tempo explorou, em sua comunicação de marketing, temas de grande interesse popular ligados à religiosidade, gênero e etnias. Entretanto, a empresa viu-se envolvida em uma situação com efeito reverso por conta da veiculação de um comercial, em novembro de 2011, feito com uma fotomontagem mostrando o papa Bento XVI beijando o líder religioso muçulmano Ahmed Mohamed el-Tayeb, imã da mesquita de Al Azhar, no Cairo. Isso causou revolta ao Vaticano, custando à Benetton uma ação judicial movida pela Santa Sé. Essa ação culminou em um acordo oneroso para a grife italiana, além da retirada da sua propaganda do ar. (DIÁRIO POPULAR, 2012). Entretanto, um bom exemplo é a recente propaganda da Budweiser no Campeonato de Futebol Americano celebrando a história de imigração de um de seus fundadores, veiculada no calor de um acirrado debate público sobre imigração. (BHARADWAJ & VILÁ, 2018). Portanto, vemos que há grandes oportunidades para as empresas trabalharem suas marcas envolvendo o tema refugiados em suas ações de comunicação de marketing, não só contribuindo para reduzir o preconceito que envolve o assunto como posicionando-se de maneira conciliadora diante da sociedade, o que pode ser altamente contributivo para o posicionamento socialmente correto da marca.

Externalidades do produto. Finalmente, examine as externalidades de seu produto ou setor – os custos indiretos produzidos ou os benefícios recebidos por terceiros como resultado da fabricação ou da utilização dos produtos. Por exemplo, a rede norte-americana de *fast food* McDonald's, após sofrer severas críticas e várias ações na justiça pelo mundo afora por conta dos males causados à saúde dos seus clientes contumazes, causados pelos seus produtos, com baixo teor nutritivo e altamente calóricos e com excessivos níveis de gorduras, decidiu mudar seu posicionamento, ofertando produtos mais saudáveis, à base de verduras e legumes, muito mais alinhados a uma alimentação saudável, buscando um posicionamento social mais responsável e adequado às atuais demandas da sociedade.

Ainda que as empresas possam criar estratégias com finalidade social sólida que foque em apenas um dos aspectos, idealmente esse exercício leva a oportunidades na interseção dos três. Considere a estratégia com a finalidade social do

Uber. A herança da marca da empresa consiste em fornecer uma plataforma aberta e inclusiva, mas nos últimos anos as preocupações sobre assédio, estupro e agressão às mulheres tem sido motivo de grande preocupação como fonte geradora de tensão social em praticamente todos os países do ocidente. Frequentemente, o Uber tem sido acusado de ações geradoras de tensão social como assalto, roubo, assédio e estupro contra seus usuários. Bem sabemos que em muitos casos são marginais travestidos de membros participantes do sistema patrocinado pela empresa que praticam tais crimes. Entretanto, não tem como desvincular a atribuição desses atos à marca da empresa – uma externalidade grave produzida por seus serviços, ainda que muitas vezes por terceiros sem qualquer vínculo com a marca.

Após considerar os três aspectos da finalidade social, a empresa deve reduzir a lista a, no máximo, três ou quatro necessidades sociais e propor estratégias para cada uma a fim de que sejam avaliadas como candidatas finais à finalidade social da marca. Durante o processo de seleção da lista de prioridades, a empresa deve avaliar como a ideia de finalidade social cria valor para o negócio e minimiza a exposição da empresa a riscos indesejáveis. Uma estratégia com finalidade social clara cria valor, fortalecendo atributos importantes da marca, ao mesmo tempo, reduz substancialmente o risco de associações negativas dos clientes e de ameaças à aceitação dos *stakeholders*. Obedecendo a uma certa regularidade a empresa deve levar em conta a compatibilidade entre a necessidade social e a marca como um critério para avaliar as estratégias com finalidade social. No entanto, a compatibilidade não é suficiente. Eles devem refletir sobre como a finalidade social pode criar valor ratificando ou criando atributos relevantes à marca para obter a preferência do cliente pelo seu produto/serviço.

Entendendo como atributos da marca características que a gestão introduz em um produto ou serviço, incluindo aspectos e benefícios, bem como personalidade ou reputação apresentadas e trabalhadas pelas ações do marketing. Um comércio varejista de produtos hortifrutigranjeiros, por exemplo, deve comercializar exclusivamente produtos cultivados de forma sustentável (um aspecto), o que pode reforçar a percepção de uma ótima qualidade (um benefício) e, por meio do marketing, construir a reputação do estabelecimento como porta-voz da conscientização ambiental (personalidade da marca). A empresa pode também optar por promover oportunidade de trabalho e renda para pessoas refugiadas (um aspecto), ajudando a sociedade no trabalho de conquistar o bem-estar social para todos (um benefício), e, por meio do trabalho de marketing, construir a reputação de empresa promotora da conscientização social e da solidariedade humana (personalidade da marca).

A Opção Estratégica da Empresa

A palavra estratégia vem da língua grega *strategos (stratos* significa exército e *ago* significa comando ou liderança), também traduzida como a arte do general, que significa o comandante militar. Ao trazermos o termo para a linguagem da empresa, a estratégia empresarial compreende o modo como a empresa se posiciona para competir no seu setor, logo, trata-se de uma escolha deliberada da gestão. Por exemplo, a Volvo, fabricante sueca de veículos automotores, posiciona-se pelo atributo segurança em seus automóveis, ou seja, essa é a sua identificação, é o que a distingue das demais marcas. Isso define a razão principal dos clientes comprarem seus carros. A essência da formulação de uma estratégia implica relacionar a empresa ao seu meio ambiente para competir buscando a sustentabilidade do seu negócio, ou seja, "estratégia é um conjunto integrado e coordenado de compromissos e ações definido para explorar competências essenciais e obter vantagem competitiva" (DUANE IRELAND, 2014:5).

Desde a origem do termo estratégia, na Grécia Antiga, até chegar aos nossos dias, houve uma grande evolução quanto ao conceito e aplicação da estratégia no âmbito organizacional. Segundo Bertero (1995), o pensamento estratégico passou por várias denominações diferentes, sempre tentando preservar o futuro da organização, tais como: diretrizes de negócios, planejamento estratégico, diretrizes administrativas, gestão ou administração estratégica, até alcançar a forma atual de uma abordagem de gestão integrada da organização. O atual ambiente de negócios passa por transformações e evoluções cada vez mais frequentes, intensas e, em muitos casos imprevisíveis, principalmente, provocadas por alterações no comportamento de variáveis sociais, tecnológicas, políticas e econômicas. Isso tem imposto à gestão grandes desafios para a sobrevivência das empresas, implicando a elas uma grande capacidade de adaptação para responderem às demandas do cliente por inovação, capacidade de aprender sempre, capacidade de responder aos novos valores da sociedade, evolução constante da legislação e sustentabilidade. Para Certo (2005:3), "administração estratégica é um processo contínuo e interativo que visa manter a organização como um conjunto apropriadamente integrado ao seu ambiente". A Kaiser oferece uma boa indicação de como a administração estratégica pode e deve ser seriamente considerada nas empresas nesta mensagem, resumida a seguir.

> Iniciamos a implementação do nosso plano estratégico para a próxima década. Após dois anos de formulação, o plano leva a Kaiser a identificar o seu negócio mais promissor e a focar seus recursos em desenvolvimento e lucratividade de longo prazo. Os recursos ampliados serão alocados para linhas de negócios nas quais a empresa acredita que residam suas forças, tais como alta tecnologia, baixos custos e fortes posições no mercado.(CERTO, 2005:3).

Não fossem os dois anos de planejamento, a Kaiser talvez tivesse se perdido em dúvidas sobre o rumo a tomar para a sustentação do negócio.

O processo da gestão estratégica, de modo geral, compreende as seguintes etapas:

1. definição do propósito organizacional, visão e valores;
2. análise do ambiente externo;
3. análise do ambiente interno;
4. definição dos objetivos estratégicos ou da diretriz organizacional;
5. formulação da estratégia;
6. desdobramento da estratégia por unidade de negócio e/ou nível tático ou funcional;
7. implementação ou operacionalização da estratégia;
8. *feedback* e controle estratégico.

Na etapa 1- definição do propósito organizacional, visão e valores – a empresa define o seu propósito organizacional, ou seja, a sua razão de existir. Segundo Ismail (2019:40), a organização precisa definir para si um propósito transformador massivo (PTM): "um PTM é algo que inspira a ação, expressa suas paixões e cria uma conexão emocional que impele você e outros rumo à mudança significativa e positiva".O propósito organizacional traduz o compromisso da organização com seus *stakeholders*, ou seja, precisa atender ao negócio, ao cliente, à sociedade, aos valores e ao interesse dos sócios. Com o propósito definido, chegou o momento de criar a visão, que irá orientar e impulsionar a empresa na busca do futuro desejado. A Toyota, fabricante japonesa de automóveis, por exemplo, há algumas décadas definiu como visão tornar-se a maior e a melhor montadora de automóveis do mundo e, em 2008, assumiu a liderança, posição mantida por vários anos seguidos. A visão constitui-se, portanto, naquele objetivo mais ambicioso e de mais longo prazo que a empresa consiga visualizar. Uma poderosa e inspiradora visão é capaz de orientar as operações da empresa na busca da posição almejada. Propósito e visão definidos, a empresa precisa definir seus valores, eles servirão de orientadores e limitadores para aqueles que agem e decidem em nome da empresa, impedindo que suas decisões afetem ou subtraiam direitos de outrem. São exemplos de valores para uma organização – respeito à vida, preservação do meio ambiente, respeito à diversidade, sustentabilidade, ética, respeito às leis etc. Ainda que só a visão possa assegurar à empresa uma direção, sem valores ela pode até definir uma visão que seja aética, ilegal ou imoral, e somente seus valores a impedem disso. Em sendo sustentabilidade um valor preservado pela empresa, ela pode, a partir daí, desenvolver políticas sociais de incentivo ao emprego e desenvolvimento de profissionais na condição de refugiados em seu quadro de colaboradores.

Na etapa 2 – análise do ambiente externo – (parte inicial da análise SWOT – *Strengths*/forças, *Weaknesses*/fraquezas, *Opportunities*/oportunidades e *Threats*/ameaças, complementada com a análise do ambiente interno, vista na etapa 3) – o ambiente externo é dividido em macroambiente e microambiente (esse também chamado de setor ou indústria).Na análise do **macroambiente** são avaliadas as possibilidades de comportamento das variáveis políticas, ambientais, sociais, tecnológicas, econômicas e legais dentro da dimensão de tempo futuro que a empresa queira apreciar. Assim, ela terá uma visão projetada do cenário futuro possível, que servirá para identificar possíveis oportunidades e possíveis ameaças para o seu negócio, que servirão de referência para a elaboração do seu plano estratégico. Geralmente são desenhados três possíveis cenários: um otimista, um conservador e um pessimista. Ao analisar a variável social, a empresa poderá identificar a oportunidade para trazer para seu quadro de colaboradores cidadãos refugiados, muitas vezes, com experiências e qualificações profissionais altamente contributivas para a elevação do seu nível de desempenho e diversificação da sua cultura organizacional. Na análise do **microambiente** a empresa verifica a estrutura do seu setor/indústria, ou seja, a distribuição entre quem compra e quem fornece no setor; a partir de então, passa a analisar como se equilibra o jogo de forças e o poder de influência dos elementos constituintes do setor, quais sejam, segundo a estrutura de análise industrial de Porter (1992:4), composta por compradores, fornecedores, novos competidores, produtos substitutos e intensidade da concorrência. O comportamento desses elementos, chamados forças, influencia os preços, esses geralmente caem quanto mais maduro for o setor, já custos e investimentos geralmente sobem, determinando a rentabilidade do setor/indústria. Por exemplo, o poder do comprador influencia o preço para baixo quanto maior for o seu volume de compra, além disso, ele pode também forçar a elevação dos custos e investimentos com seu nível de exigência. Os fornecedores também têm capacidade de elevar os preços dos insumos e matérias-primas, elevando os custos para o setor, sobretudo, quando esses estiverem concentrados em pequeno número. Quanto mais intensa for a concorrência, por sua vez, maior será a redução de preços, a elevação dos custos e os investimentos. Da mesma forma, os novos competidores têm capacidade de pressionar para baixo os preços, porque passa a existir mais um competidor para dividir a demanda; ao mesmo tempo, ele pode, também, contribuir para a elevação dos custos da operação, já que força a demanda por insumos e matéria-prima, por mão de obra. E pode, ainda, ser agressivo em ações de marketing, forçando os demais competidores a elevar essas ações, também. Tanto na análise do macroambiente quanto do microambiente, a empresa deve estabelecer um sistema de inteligência capaz de acompanhar tendências e mudanças relevantes, além de identificar oportunidades e ameaças do ambiente. Esse acompanhamento fornecerá à empresa informações necessárias para que ela possa gerenciar o seu ciclo estratégico, que compreende quatro etapas, quais sejam: elaboração da estratégia, avaliação da estratégia, implementação da estratégia e monitoramento do ambiente. Dessa forma, a gestão ajusta sua estratégia à medida que o ambiente se altera. Esse processo permite à empresa não perder seus objetivos definidos no plano estratégico.

Na etapa 3 – análise do ambiente interno – aqui, a empresa complementa a análise SWOT com o exame de todos os seus recursos, capacidades e competências, que constituem suas forças e fraquezas. Um modo eficaz de fazer essa análise é por meio de um *checklist* que cubra todas as atividades ou os elementos de toda estrutura funcional da empresa – administrativa, marketing, produção ou operações, financeira, recursos humanos, tecnologia e inovação. É evidente que uma empresa não precisa corrigir todas as suas fraquezas, também não deve festejar todas as suas forças. A questão a ser analisada é se a empresa deve limitar-se a buscar oportunidades para as quais é capaz de mobilizar recursos ou se deve examinar aquelas para as quais será necessário adquirir ou desenvolver novas forças. No exercício de explorar o futuro, a empresa pode descobrir oportunidades interessantes, inclusive fora do seu setor, muitas vezes. Por exemplo, a 3M nasceu, em 1902, como uma mineradora e transformou-se, ao longo do tempo, em uma empresa de produtos de tecnologia. Certamente, essa transformação de uma empresa de *commodity* em uma fabricante de produtos tecnológicos de alto valor agregado não ocorre limitando a sua visão ao negócio do momento. Cada vez mais, as empresas precisam se entender como organismos em constante transformação, porque a mudança de valor do negócio muda com uma velocidade cada vez mais rápida e intensamente. Isso fica mais evidente para os setores mais impactados pela transformação, como, por exemplo, a indústria de petróleo em transição para energia e a indústria automobilística para mobilidade. As questões climáticas têm colocado em xeque a indústria do petróleo, daí o avanço dos carros elétricos. Vários países europeus têm anunciado o fim da produção de automóveis movidos por motor de combustão interna. A partir de 2025 em diante, do mesmo modo, sobretudo na Europa e nos Estados Unidos, as pessoas estão cada vez mais demandando o serviço de transporte em detrimento da compra do automóvel.

Na etapa 4 – definição dos objetivos estratégicos ou da diretriz organizacional – após realizada a SWOT (etapas 2 e 3), a partir da sua visão a organização define os seus objetivos estratégicos de longo prazo, o que geralmente compreende um período entre três e cinco anos, podendo chegar a dez anos, em alguns casos. Esses objetivos servem de orientadores para toda a operação da organização, pois serão desdobrados em objetivos para as unidades de negócios e/ou em objetivos táticos/funcionais de médio prazo, de acordo com a estrutura organizacional da empresa, e desses nascerão os objetivos operacionais de curto prazo, quando, efetivamente, será executada a estratégia da empresa. Tanto as unidades de negócios quanto as áreas funcionais buscam um conjunto de objetivos, sempre mensuráveis, que devem ser cumpridos dentro de um prazo determinado, incluindo: lucratividade, valorização de ativos, volume de vendas, participação de mercado, mitigação de riscos, produtividade, inovação, sustentabilidade, qualidade e reputação da marca. Os objetivos devem obedecer a uma escala hierárquica de prioridades, pois isso facilita a alocação e prioridade das ações e dos investimentos da empresa. Como sabemos, a sustentabilidade dos negócios compreende satisfazer o tripé – econômico, social e ambiental. Considerando o aspecto social, nessa etapa do processo estratégico a empresa pode definir, voluntariamente, como objetivo social, inserir determinado percentual de profissionais oriundos da condição de refugiados em seu quadro de colaboradores. Ao adotar esse preceito, a organização insere, na sua cultura, a valorização do ser humano, o respeito às diferenças e, sobretudo, o valor da solidariedade, construindo assim a sua identidade corporativa de empresa cidadã, contribuindo sobremaneira para uma sociedade mais igualitária e para uma convivência social mais pacífica.

Na etapa 5 – formulação da estratégia – é a atribuição do nível estratégico da empresa (o executivo chefe e seu *staff*), a formulação da sua estratégia, ou seja, definir o que a empresa deve fazer, qual o seu posicionamento para competir – pode ser por valor superior, por menor preço, por qualidade diferenciada, por nível de serviço etc. A decisão da estratégia a ser formulada deve observar as competências essenciais da empresa e a sua capacidade de mobilizar recursos suficientes para a execução da estratégia. O elemento central que dá sustentação à uma estratégia é o valor que a empresa entrega ao cliente. Quanto mais difícil de ser imitado, quanto mais dispendioso for para a concorrência alcançar esse valor, quanto mais raro ele for, mais inédito será e mais tempo sustentará a sua estratégia. Agora, o inverso é verdadeiro, na mesma medida. Atualmente, com a inovação tecnológica promovida pela inserção da inteligência artificial que caracteriza a indústria 4.0, as mudanças ganham maior velocidade e intensidade antes nunca vistas. Isso significa que a sua base de valor está mais vulnerável ao ataque de mudança. Com isso, sua estratégia perde a validade. Antes que isso ocorra, a empresa precisa definir uma nova base de valor, sintonizada com os novos valores buscados pelo cliente ou estabelecida pela concorrência. O Walmart, maior rede mundial de varejo, de origem norte-americana, por exemplo, compete pelo menor preço no seu setor; para isso, ele desenvolveu uma competência superior aos seus competidores na gestão de custos pela racionalização de sua estrutura logística e gestão de estoques, pelo desenvolvimento de um sistema de informações e gestão de processos muito eficiente, pela capacitação de sua equipe de trabalho e sua habilidade de negociação com fornecedores, corroborada pela escala do seu negócio. Já a Apple, fabricante norte americana de *tablet* e do *iPhone*, compete por agregação de valor pela inovação tecnológica dos seus produtos, posicionando-se com uma estratégia de diferenciação, buscando sempre preço e margem superiores. A japonesa Toyota compete pela qualidade dos seus automóveis; já a alemã Mercedes-Benz posiciona-se por tecnologia e confiabilidade; a também alemã BMW define-se por desempenho e maciez ao dirigir. As chamadas alianças estratégicas – *joint venture*, participação societária, fusões e aquisições – precisam ser vistas com muita atenção, pois elas, se bem trabalhadas, podem colocar a empresa em vantagem e/ou torná-la mais competitiva diante da concorrência, atendendo a importantes objetivos estratégicos da empresa, por exemplo: promover inovação tecnológica, agregar valor ao cliente, liderar o setor, acessar novos mercados, superar barreiras legais, ganhar escala para diluir custos, ampliar portfólio de produtos e serviços, responder a ações da concorrência, garantir sobrevivência própria, conseguir capitalização, acessar insumos, acessar canal de distribuição etc.

Na etapa 6 – desdobramento da estratégia por unidade de negócio e/ou nível tático ou funcional – nessa etapa, a organização desdobra por unidade de negócio e/ou por área funcional aquele objetivo macro e de longo prazo definido pelo nível estratégico, que orientou a empresa sobre o que fazer. Agora, observando o médio prazo, essas unidades ou áreas funcionais farão seu planejamento com base nisso, observando o escopo que lhe cabe para o cumprimento do plano estratégico da empresa. Nessa etapa começam a aparecer os primeiros sinais e diretrizes da operacionalização de como o plano estratégico será implementado.

Na etapa 7 – implementação ou operacionalização da estratégia – nessa etapa acontece a operacionalização efetiva do plano estratégico, ou seja, a execução dos programas por unidade de negócio ou por área funcional. É uma etapa voltada, exclusivamente, para as atividades operacionais, atendendo ao curto prazo e orientada para a execução dos processos internos da organização. Até mesmo a melhor estratégia pode ser perdida por uma implementação ineficiente. Aqui são demandados todos os tipos de recursos necessários à execução da estratégia, quer sejam tangíveis e/ou intangíveis, econômicos, financeiros, tecnológicos e talentos, e a empresa precisa ter capacidade de utilizá-los com competência singular para gerar competências que lhe coloquem acima da concorrência na produção de valor ao cliente. Porter (1992) sugere que a empresa deve organizar suas atividades com base em uma cadeia de valor interna, composta por dois conjuntos – um conjunto que ele denomina atividades de apoio/suporte, que compreende a infraestrutura da empresa, a gestão de talentos, o desenvolvimento de tecnologias e a área de aquisição, e outro conjunto classificado por ele como atividades primárias/principais, composto por logística interna, operações/produção, logística externa, marketing/vendas e serviços. Segundo o autor, quanto maior for a capacidade de a empresa integrar esses dois conjuntos de atividades, maior será a sua eficiência de gestão e maior será o valor produzido. Logo, maior será o seu retorno sobre o capital empregado no negócio.

Na etapa 8 – *feedback* e controle estratégico – a capacidade de a estratégia responder com eficácia ao seu ambiente está diretamente ligada à capacidade de a empresa monitorar, entender as mudanças e adaptar-se a elas na velocidade e intensidade em que elas ocorram. Uma estratégia precisa observar quatro aspectos, que devem ser avaliados antes da sua implementação e periodicamente devem ser reexaminados durante a execução da estratégia, para mantê-la atualizada com as constantes mudanças do meio ambiente externo: **1) consistência** – é difícil aumentar a participação de mercado e a lucratividade com a redução dos investimentos e das despesas ao mesmo tempo; **2) consonância** – é difícil sustentar uma estratégia de expansão dos investimentos em um momento de profunda recessão econômica; **3) viabilidade** – não é saudável financiar um objetivo estratégico em detrimento de outro se a empresa precisa de ambos, ou seja, tem de haver recursos para viabilizar ambos; **4) vantagem** – uma estratégia, para ser bem-sucedida, precisa apresentar pelo menos uma vantagem competitiva sobre seus concorrentes – pode ser o custo, a qualidade, o nível de serviços, o tempo de resposta etc. Atualmente, considerando a velocidade com que os mercados se movem, as empresas precisam buscar todas as possibilidades para responder adequadamente a essas mudanças.

Ao colocar também em seu escopo estratégico objetivos sociais, além dos objetivos diretamente ligados ao desempenho do negócio, como de aspecto financeiro e de participação de mercado, por exemplo, a empresa ratifica sua posição de compromisso com o social, como promotora do bem-estar da comunidade onde está inserida a sua operação.

Implementação e Gestão da Estratégia Corporativa

Após desenvolvida a estratégia, a empresa necessita de uma ferramenta que lhe capacite gerenciar a estratégia. O *Balanced Scorecard (BSC)* oferece uma estrutura que possibilita à empresa comunicar, implementar, gerenciar e controlar a estratégia no curto, médio e longo prazo. Segundo Kaplan & Norton (1997:25), "o *Balanced Scorecard* traduz missão e estratégia em objetivos e medidas de desempenho, organizados segundo quatro perspectivas diferentes: financeira, do cliente, dos processos internos e do aprendizado e crescimento." Portanto, o BSC cria uma estrutura e uma linguagem para comunicar a missão e a estratégia e utiliza indicadores de desempenho para informar os funcionários, em todos os níveis da organização, sobre os vetores de sucesso atual e futuro. O *Balanced Scorecard* é um instrumento que integra as medidas derivadas da estratégia. Ele preserva os indicadores financeiros como uma síntese final do desempenho gerencial e organizacional, mas incorpora um conjunto de medidas mais genérico e integrado que vincula o desempenho sob a ótica do cliente, dos processos internos, funcionários e sistemas ao sucesso financeiro no longo prazo.

Ao articularem os resultados esperados pela empresa com os vetores desses resultados, os gestores esperam canalizar energias, habilidades e conhecimentos específicos das pessoas em toda a organização para atingir os objetivos de longo prazo. Os autores chamam a atenção que o *Balanced Scorecard* não deve ser utilizado apenas como um sistema de medidas de desempenho, mas como um sistema de gestão estratégica. Na gestão organizacional ele serve para:

> Esclarecer e obter consenso em relação à estratégia. Comunicar a estratégia a toda a empresa. Alinhar as metas departamentais e pessoais à estratégia. Associar os objetivos estratégicos com metas de longo prazo e orçamentos anuais. Identificar e alinhar as iniciativas estratégicas. Realizar revisões estratégicas, periódicas e sistemáticas. Obter *feedback* para aprofundar o conhecimento da estratégia e aperfeiçoá-la. (KAPLAN & NORTON, 1997:20).

Um dos pontos fortes do *Balanced Scorecard* é a sua capacidade de preencher a lacuna existente na maioria dos sistemas gerenciais – a falta de um processo sistemático para implementar e obter *feedback* sobre a estratégia. Os processos gerenciais de sua estrutura asseguram que a organização se mantenha alinhada e focalizada na implementação da estratégia de longo prazo. Assim, essa ferramenta torna-se a base para o gerenciamento das empresas na era da informação.A figura 01 representa graficamente a estrutura adaptada do modelo do BSC desenvolvida pelos autores.

Figura 01 – Balanced Scorecard (BSC)

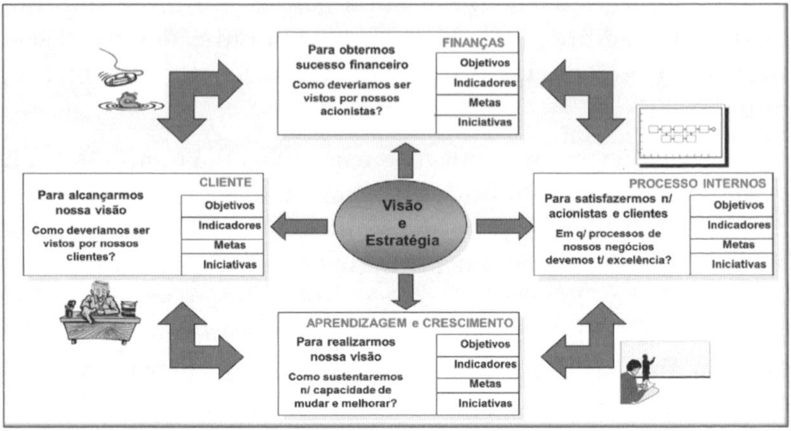

Fonte: adaptado de Kaplan & Norton, 1997:10.

O *Balanced Scorecard* é, para os gestores, uma ferramenta completa que traduz a visão e a estratégia da empresa em um conjunto coerente de medidas de desempenho no curto, médio e longo prazo nas quatro perspectivas citadas acima, na definição dos autores. Vejamos o que compreende cada uma delas: financeira, do cliente, dos processos internos e do aprendizado e crescimento.

Perspectiva financeira - as medidas financeiras de desempenho indicam se a estratégia da empresa, sua implementação e execução estão contribuindo para a melhoria do desempenho financeiro do negócio, por exemplo, receita operacional, retorno sobre o capital empregado, geração de caixa e o valor econômico agregado sobre os ativos financeiros.

Perspectiva do cliente – permite que os gestores identifiquem os segmentos de clientes e mercados nos quais a unidade de negócios compete e as medidas de desempenho da unidade nesses segmentos. Os principais indicadores de resultados dessa perspectiva compreendem valor entregue ao cliente, nível de satisfação dos clientes, índice de retenção de clientes, entrada de novos clientes na carteira, lucratividade por cliente, participação em clientes especiais e participação de mercado por segmento-alvo. Essa perspectiva permite que os gestores articulem as estratégias de clientes e mercados, buscando elevar o resultado financeiro da operação.

Perspectiva dos processos internos – permite aos gestores identificar os processos internos críticos nos quais a empresa deve alcançar excelência, o que fará com que possa ofertar valor capaz de atrair, reter e rentabilizar clientes em segmentos-alvo, proporcionando retorno financeiro atrativo aos investidores. As medidas dos processos internos do *Balanced Scorecard* são orientadas para gerar maior impacto na satisfação do cliente e na busca dos resultados financeiros do negócio. Isso assegura uma vantagem significativa em relação às abordagens tradicionais, que mantêm o foco na melhoria dos processos existentes, enquanto a abordagem do *scorecard* busca desenvolver processos inteiramente novos, nos quais a empresa deve atingir excelência para alcançar os objetivos do cliente e financeiros. Os principais indicadores de desempenho dessa perspectiva compreendem inovação em produtos e serviços, nível de qualidade, índice de produtividade, utilização de ativos, tempo de resposta em atendimentos, disponibilidade da planta, entre outros. A excelência operacional leva a empresa à entrega de valor superior, o que eleva o nível de satisfação e retenção do cliente, racionalizando o custo e rentabilizando a operação.

Perspectiva do aprendizado e crescimento – essa perspectiva tem por objetivo criar condições para que as três outras perspectivas atinjam sua plena capacidade. Isso implica investimentos em qualificação e motivação de pessoal, aperfeiçoamento dos sistemas de informação e alinhamento dos procedimentos e rotinas organizacionais. Esses objetivos são explicitados na perspectiva do aprendizado e crescimento, assim como nas demais. São indicadores para pessoal: atratividade de talentos, índice de retenção de talentos, capacitação e desenvolvimento de talentos, rotatividade de pessoal, número de recursos estratégicos, clima organizacional, entre outros. A capacidade dos sistemas de informação pode ser medida pela disponibilidade em tempo real para uso, informações relevantes e precisas sobre clientes e fornecedores em tempo hábil e processos rotineiros internos. As medidas de procedimentos organizacionais podem ser medidas pelo alinhamento dos incentivos aos funcionários com os fatores globais de sucesso organizacional e de acordo com os índices de melhoria dos processos críticos internos dedicados a atender clientes.

O modelo do *scorecard* guarda uma relação de causa e efeito entre suas perspectivas. Por exemplo, o retorno sobre o capital empregado (ROACE) pode ser uma medida de desempenho da perspectiva financeira. O vetor dessa medida poderia ser a recompra e a ampliação das vendas aos clientes existentes, resultando em um alto grau de fidelidade desses clientes. Essa lealdade está inclusa na perspectiva do cliente porque ela tem forte relação com o retorno sobre o capital empregado. Pergunta-se: como a empresa conquistará a fidelidade dos clientes? A avaliação do valor dos clientes pode revelar que a pontualidade na entrega é altamente valorizada por eles e, por sua vez, leva a um melhor desempenho financeiro. Logo, a fidelidade dos clientes e a entrega pontual passam a ser medida de desempenho para a perspectiva do cliente. Na sequência, pergunta-se: em que processos internos a empresa deve alcançar excelência para assegurar entregas pontuais? Para alcançar isso, a empresa pode precisar reduzir os ciclos dos processos operacionais e, ao mesmo tempo, aumentar a qualidade dos processos internos. Agora, como será possível incrementar a qualidade e reduzir o ciclo dos processos internos? Certamente, desenvolvendo e capacitando seus colaboradores operacionais, o que deveria ser um objetivo da perspectiva do aprendizado e crescimento. Vemos, portanto, que a relação de causa e efeito permeia toda a estrutura do BSC e está presente nas relações funcionais entre as quatro perspectivas do modelo, como mostra a figura 2 a seguir.

Figura 02 – Relação de causa e efeito do BSC

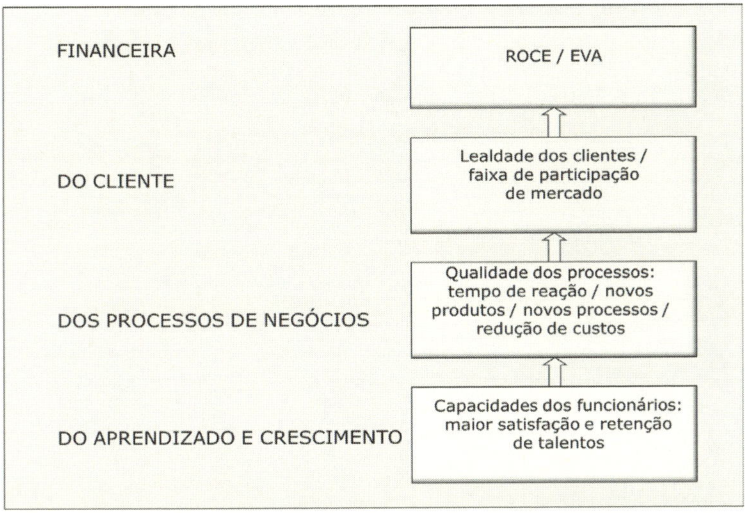

Fonte: adaptado de Kaplan& Norton, 1997:31.

Estratégia é um conjunto de hipóteses sobre causas e efeitos. O sistema de medição deve tornar explícitas as relações (hipóteses) entre os objetivos (e as medidas) nas várias perspectivas para que elas possam ser gerenciadas e validadas. A figura 3 a seguir apresenta um exemplo simplificado da implementação do BSC em uma empresa de transporte aéreo. Na primeira coluna, a partir da esquerda, temos o mapa estratégico, constituído pelos objetivos estratégicos de cada uma das quatro perspectivas. Observando-se essa coluna, do topo à base é possível perceber que os objetivos da perspectiva imediatamente abaixo são causas para os objetivos daquela posicionada imediatamente acima. Na segunda coluna à direita são apresentadas as medidas de *performance* relativas a cada objetivo indicado no mapa estratégico, enquanto a terceira coluna à direita registra os alvos a serem perseguidos pela gestão e, por último, na quarta coluna à direita estão apresentadas as iniciativas, ações a serem implementadas para o cumprimento da estratégia da empresa. A partir dessa demonstração fica evidente que identificar os objetivos corretamente e suas relações de causa e efeito é extremamente crítico para o sucesso da gestão a partir do emprego do BSC.

Figura 03 – Mapa estratégico simplificado para uma empresa de transporte aéreo

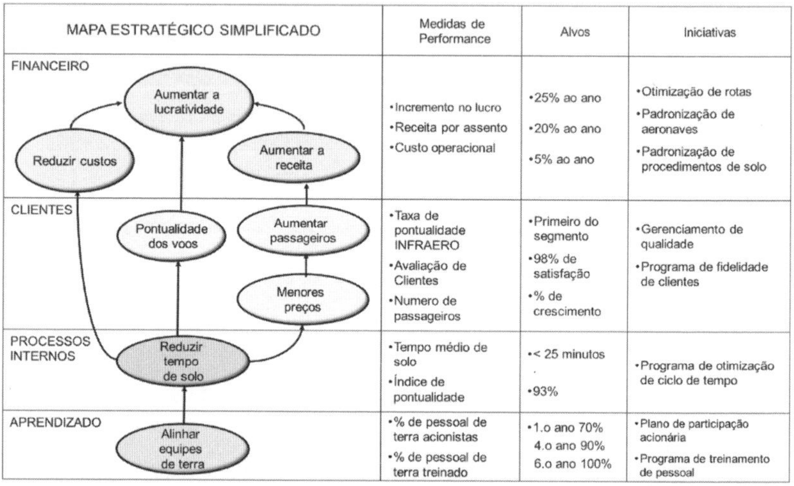

Fonte: adaptado de Kaplan & Norton, 2008:74.

A estrutura original do BSC contempla quatro perspectivas (financeira, clientes, processos internos e aprendizado e crescimento), como vimos. Entretanto, a empresa pode criar e incluir uma quinta perspectiva à estrutura do *scorecard*, por exemplo, **perspectiva do relacionamento com a sociedade** para atender às necessidades de implementação da sua estratégia social e desdobrá-la em ação. Da mesma forma, como nas demais perspectivas, ela irá definir objetivos sociais para compor o seu mapa estratégico. Por exemplo, participação em programas sociais e culturais, estímulo ao trabalho social voluntário, implementação e fomento de projetos sociais sustentáveis, implementação e fomento de projetos ambientais dedicados à recuperação e preservação de recursos naturais, implementação de projetos sociais de capacitação e inclusão profissional de refugiados – aqui, por exemplo, a empresa poderia disponibilizar determinado percentual do seu quadro de colaboradores para pessoas na condição de refugiados. O atendimento desse objetivo poderia ser causa para a perspectiva do relacionamento com a sociedade, tendo como efeito a elevação do moral, da autoestima e da integração dos funcionários, levando a um maior domínio dos processos internos, que por sua vez contribuiria para elevar o nível de qualidade dos seus produtos e serviços, redução de custos, incremento da inovação. Na perspectiva do cliente, teria como consequência entrega de maior valor, aumento da satisfação e fidelidade, aumento de vendas e de participação de mercado. A consequência, na perspectiva financeira, seria o aumento da receita da empresa, ganho de lucratividade e maior estabilidade geral ao negócio.

Diversas razões levam as empresas a adotar o *Balanced Scorecard*, dentre elas direcionar a ações de mudanças, esclarecer e encontrar um consenso em relação à estratégia, desenvolver lideranças para as unidades de negócios, conseguir sinergias entre as diversas unidades de negócios e desenvolver uma cultura inovadora orientada ao valor do cliente. O desenvolvimento do BSC e, principalmente, do processo de definição dos objetivos, das mudanças e das metas para o *scorecard*, envolve os gestores de topo da organização e acaba revelando uma oportunidade para a sua utilização de forma mais ampla do que inicialmente imaginada. Segundo Kaplan e Norton (2008), o BSC pode ser o fulcro do sistema gerencial de uma organização, desde que alinhe e apoie os processos essenciais, como comunicação, esclarecimento e atualização da estratégia; alinhamentos das metas das unidades de negócio, departamentos e indivíduos à estratégia; alinhamento das iniciativas estratégicas; vinculação dos objetivos estratégicos ao orçamento anual; alinhamento das revisões estratégicas e operacionais e manutenção de *feedback* para conhecimento e aprimoramento da estratégia.

Integrando o BSC ao calendário gerencial, todos os processos gerenciais podem ser alinhados à implementação da estratégia organizacional de longo prazo e se manterem por ela orientados. Os gestores utilizam os diversos elementos dos sistemas gerenciais para coordenar seus planos. Desenvolvendo um sistema gerencial em torno do BSC, eles poderão alcançar o objetivo maior da organização, ou seja, a tradução da estratégia de longo prazo desdobrada em ações de médio e curto prazos mantendo a operação, em todos os níveis, alinhada à estratégia corporativa.

Em resumo, as transformações sociais provocadas pelos movimentos migratórios humanos, sobretudo pela massa de refugiados de conflitos armados e conflitos políticos, promovem às empresas desafios de adaptação à nova ordem, o que amplia a diversidade e as diferenças sociais mundo afora. Ao mesmo tempo, cria oportunidades para as empresas buscarem, nessas mudanças, capacidades de resposta a esses acontecimentos. A gestão empresarial precisa entender a força e a dimensão das mudanças e os impactos para o seu negócio, daí então, assumir posição diante do novo quadro. É necessário que cada empresa traga para o seu bojo estratégico e aplique o conceito de desenvolvimento sustentável e assuma, com o Estado, o compromisso de construir uma sociedade mais próspera. Ao criar e implementar em sua estratégia objetivos de responsabilidade social, não só está ajudando a sustentabilidade como construirá sua identidade de empresa cidadã, identificada com as causas de maior interesse social em geral.

◇◇◇ 6 ◇◇◇

Perspectivas Psicossocial e Organizacional do Trabalhador Refugiado

Para entender o que acontece com o indivíduo é necessário, antes, entender o seu contexto social, como tem sido tratado até aqui o tema dos refugiados. No entanto, este capítulo foca a atenção na dimensão psíquica deste indivíduo que passa pela experiência de refúgio.

Nosso ponto de partida será o entendimento das expectativas e necessidades destas pessoas que foram obrigadas a deixar seus países de origem por causa de um fundado temor de perseguição, para as quais a segurança e proteção não encontradas em seus países de origem são primordiais, colocando as demais necessidades em segundo plano.

Morin (2004:120) considera que a noção de sujeito está relacionada ao "ato de ocupação do espaço e a poder realizar nele todos os atos de preservação, proteção, defesa etc." A busca por uma nova pátria que acolha e permita que o indivíduo reconstrua a sua noção de sujeito antecede qualquer outra realização,à medida que o chamado princípio da inclusão é essencial para a construção da identidade do indivíduo. Ainda para esse autor, identidade está relacionada às escolhas que o sujeito faz e que dependem de sua capacidade cognitiva, de sua afetividade e valor que atribui a tudo que está ao seu redor, bem como de sua autonomia para o exercício da própria liberdade de escolha. A escolha de abandonar a pátria para recomeçar a vida faz com que essas pessoas tenham que assumir integralmente as consequências desse ato, sem qualquer tipo de respaldo moral, legal, psicológico e financeiro, pois até serem acolhidas em outro país estão desprotegidas em todos os aspectos e em total estado de vulnerabilidade.

Considerando o clássico modelo da pirâmide das necessidades de Maslow (1954) conforme mostra a figura 4, observamos, nas entrevistas realizadas para o estudo, que os refugiados passam pelo seguinte percurso:- busca pela sobrevivência e segurança até serem acolhidos e empregados;-o processo de inserção no mercado de trabalho exacerba a necessidade de participação social, que somada a um forte sentimento de gratidão, faz com que comece a surgir a necessidade de ser reconhecido pelo que faz (autoestima), e um forte sentimento de realização pessoal pela atual condição de vida e pelo que contribui para as organizações onde trabalham, quando absorvidos pelo mercado.

Figura 4- Hierarquia das Necessidades Humanas de Maslow

Fonte: Robbins,Stephen P., 2010:198.

As condições que levam ao refúgio violam todas as possibilidades do indivíduo, mesmo de elevada resiliência, a se sentirem felizes em seus países. Tentando entender o que levou essas pessoas a tomarem a decisão do refúgio, podemos encontrar outra explicação que extrapola as teorias de motivação, que se refere ao modelo de alinhamento estratégico pessoal desenvolvido pela autora em sua tese de doutorado.

Assim como as organizações levantam dados internos e externos (mercado) para fazer seu planejamento estratégico e definir as ações que lhes permitirão atingir os resultados desejados, as pessoas também necessitam pensar estrategicamente sobre alguns aspectos, que são os elementos presentes no modelo a seguir descrito (figura 5), para ter condições de assumir o protagonismo e a liderança de sua carreira e vida pessoal. Desenvolvendo o modelo surgiu uma dúvida sobre em que medida estes elementos do modelo de alinhamento estratégico pessoal teriam impacto nas escolhas de profissionais em condição de refúgio. Para dirimir esta dúvida, foram feitas entrevistas semiestruturadas com refugiados, e por meio da análise do discurso, fizemos um cruzamento com o modelo proposto, que apresentamos a seguir.

O modelo de alinhamento estratégico pessoal apresentado na figura a seguir considera sete conceitos, a saber: identidade, propósito, crenças e valores, sonhos, visão de futuro, objetivos, competências, que chamaremos a partir de agora de **elementos do modelo de alinhamento estratégico pessoal – MAEP**.

Figura 5 – Modelo de alinhamento estratégico individual

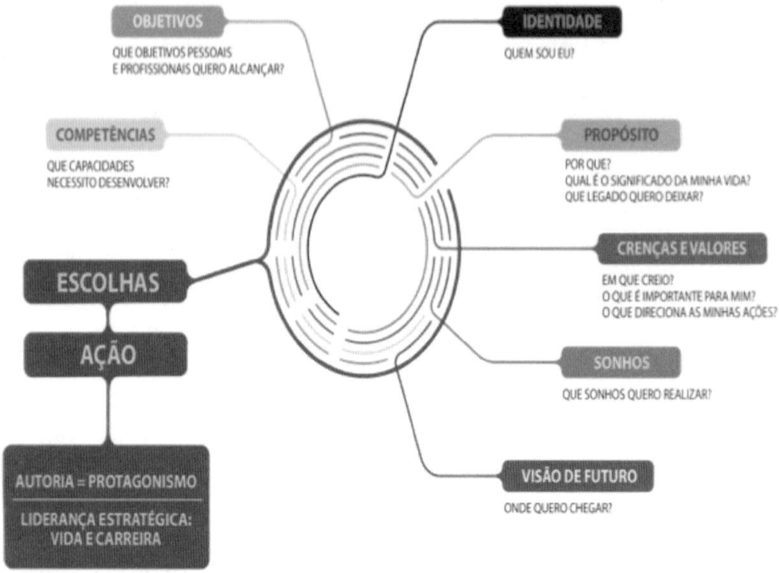

Fonte: adaptado de Arbache e Dutra, 2018:328.

O protagonismo do indivíduo se manifesta na responsabilidade por suas escolhas na vida. Tais escolhas são possíveis porque temos cognição, afetividade, liberdade e autonomia. Segundo Morin, a cognição nos permite compreender o cenário e as opções que temos, analisar os riscos e consequências. A afetividade influencia nossas escolhas de forma consciente ou inconsciente, pois tendemos a desejar aquilo que nos dá prazer e nos faz sentir bem. Nossas escolhas não são apenas racionais, são afetadas por nossas emoções positivas ou negativas. Por isso, senso comum sabe-se que não se deve fazer escolhas importantes e de grande impacto quando estamos emocionalmente perturbados, pois passado o efeito da emoção, podemos nos arrepender das escolhas feitas. A liberdade diz respeito ao exercício da vontade de forma consciente, mas só conseguimos exercer esse livre arbítrio se tivermos autonomia, condições para fazermos as escolhas, ainda que muitas vezes possamos nos sentir limitados pelos padrões culturais, pelas leis, pelos códigos morais e éticos dos grupos aos quais pertencemos. Assim como não podemos dissociar razão e emoção (cognição-afeto), não podemos separar a liberdade da autonomia.

O protagonismo da carreira exige assumir a responsabilidade por todas as nossas ações e pelos impactos que elas provocam em nossas próprias vidas e na vida das demais pessoas que estão envolvidas em nossas trajetórias, afetadas por tais escolhas.

A análise das entrevistas com refugiados de diferentes países demonstra que os sete elementos tratados no MAEP estão presentes na forma como os refugiados já inseridos no mercado de trabalho sentem-se em sua relação com o trabalho, como podemos observar no cruzamento dos relatos feitos pelos refugiados com o detalhamento do modelo:

Entendendo identidade como uma concepção coerente de si mesma constituída de metas, valores e crenças com as quais a pessoa está solidamente comprometida e que é construída pela trajetória de vida e pelo entrelaçamento que as experiências vão criando sentido para o indivíduo. Observa-se a importância da oportunidade de trabalho para a percepção de identidade dos refugiados, pois a criação de sentido dependerá da clareza de seu propósito ou missão. O propósito está diretamente relacionado a uma causa que vale apena viver, a crenças e a valores identificados nas afirmações dos refugiados, como segue:

> Para mim, propósito é a tarefa pessoal que cada ser humano construí para si mesmo. O meu propósito final é trazer bem-estar a quantas pessoas eu puder, não só à família, mas também para amigos e para pessoas desconhecidas. Dessa forma, acredito que se pode construir um melhor futuro. Penso isso em relação ao desejo de um futuro melhor que quero para o meu país, mas também para o Brasil, que considero o meu lugar. (ENTREVISTADO 1).

Entrevistado 2 – “dar um futuro melhor para a minha família”; entrevistado 3 – “minha família é a minha missão”; entrevistado 4 – “trabalhar para ajudar a minha família (tanto aqueles que vieram como os que lá ficaram)”;entrevistado 5 – “voltar para o meu país”.

A palavra valor é uma das que possui significação mais rica, complexa e difícil de definir. Valores referem-se às qualidades avaliadas pelos homens, apreciadas em função do interesse que as coisas apresentam para eles. Na verdade, o valor é a capacidade que um objeto (coisa, ideias ou outra pessoa) tem de satisfazer a um desejo, a uma necessidade ou a uma aspiração humana.

A maioria dos autores concorda que os valores orientam e guiam a vida das pessoas, mesmo quando não podem ser observados diretamente, o que ratifica alguns comentários feitos pelos entrevistados quando questionados sobre quais eram seus valores: entrevistado 4 – “Honestidade, não estou disposto a abrir mão da minha família e trabalho”; entrevistado 8 – “Vale a pena lutar pela felicidade, com responsabilidade, honestidade e dedicação”; entrevistado 10 – “Humildade”; entrevistado 7 – “Respeito e educação”. Durante as entrevistas e em interação com as pessoas que trabalham próximas aos trabalhadores refugiados observa-se fortemente o valor “gratidão pela oportunidade de trabalho”, nem sempre observado nos demais trabalhadores do próprio país.

Outro elemento considerado no modelo MAEP são os sonhos, pois eles alimentam a nossa visão de futuro, que por sua vez, traduz-se em objetivos de vida (geralmente relacionados a estas três dimensões: ser, fazer e ter). Isso inclui a carreira, já que grande parte da nossa vida passamos trabalhando. Os objetivos que podem ser de curto, médio e longo prazos são mutáveis, especialmente quando atingidos, pois passamos a ter outros desejos, outros sonhos e surgem novos objetivos.

Para os entrevistados, permanecer no Brasil e progredir na carreira só não foi objetivo para um venezuelano que deseja retornar ao seu país quando esse lhe oferecer condições de uma vida digna. Os sonhos são os combustíveis para que essas pessoas lidem de forma resiliente com as dificuldades de seu cotidiano na reconstrução de um estado de bem-estar.

Pensando em estado de bem-estar, se considerarmos os cinco elementos apontados por Seligman (2004), como propósito, engajamento, relações construtivas, realização pessoal e emoções positivas, conseguimos entender como pessoas com histórias tão sofridas conseguem sentir-se felizes vivendo como refugiadas no Brasil. Apesar de não sermos o país mais feliz do mundo, segundo pesquisa realizada anualmente pela ONU – Organizações das Nações Unidas –, ocupamos o 32º lugar entre 156 países que participam do *ranking* no relatório publicado em 2019, o que, associado às características de fácil acolhida do nosso povo, ajuda no engajamento dessas pessoas. Isso também ajuda no aspecto da construção de relacionamentos positivos. Por outro lado, essas pessoas geralmente têm um propósito muito claro, e acabam sentindo-se realizadas pelo simples fato de estarem tendo oportunidade de produzir, contribuir, gerar renda para o alcance de objetivos pessoais, mesmo quando não estão trabalhando naquilo que se formaram em seus países (devido a questões de reconhecimento de diplomas), mas utilizam sua competência a serviço de uma atividade que traz retorno financeiro, social e psicológico.

Sobre as emoções positivas, elas ficam mais acessíveis quando os refugiados saem da situação de medo, insegurança, ameaça, insatisfação em geral e vêm para um lugar que, mesmo não sendo a pátria, faz com que sintam-se mais protegidos por terem assegurados seus direitos humanos quando acolhidos por outro país. Sabemos que a felicidade não significa ausência de emoções negativas, mesmo para as pessoas não refugiadas, pois as emoções negativas fazem parte do nosso psiquismo e são sinais de alerta de algum desequilíbrio em relação aos elementos do bem-estar, quando estamos ansiosos, tristonhos ou raivosos, existe alguma necessidade não atendida, algum aspecto não está satisfatório.

Quando entendemos a dinâmica do bem-estar fica evidente a importância do trabalho na vida dos indivíduos como forma de realização pessoal, especialmente quando tratamos dos refugiados, que tiveram que abdicar de muitas fontes de gratificações, como cidadania, família, bens materiais, profissões regulamentadas e outras.

Desde a Pré-História o trabalho constitui-se na forma de construção da identidade humana e da sociedade. Ao longo da história, ele assume diferentes sentidos, de acordo com os contextos vigentes. Estudos mostram que as pessoas buscam por um trabalho que traga significado às suas vidas, que esteja compatível com seus propósitos de vida.

Entender o verdadeiro significado da nossa vida é ter a verdadeira dimensão do como e quanto podemos contribuir para o progresso da humanidade. O trabalho é a principal ferramenta para isso, pois produzir algo que é reconhecido e utilizado pela sociedade permite um reconhecimento próprio, como alguém que existe e tem importância para a existência dos outros, transformando assim o trabalho em um meio para a construção do próprio homem.

Albion afirma que a satisfação no trabalho é um dos componentes da felicidade presente em todos os níveis de renda. Entretanto, são poucos os que conseguem encontrar satisfação pessoal no trabalho. A satisfação não equivale necessariamente ao prazer, pode existir satisfação sem prazer. Vivenciar prazer no trabalho não depende só do querer, depende das condições nas quais o trabalho é realizado, da natureza da tarefa e do tipo de exigências que envolvem as capacidades do indivíduo. Não sendo prazerosa, devido a forças externas, uma atividade exige um gasto de energia maior do que o necessário e, muitas vezes, maior do que o indivíduo é capaz de dar. Essa é a razão para tantos investimentos na melhoria do clima organizacional, no sentido de levar as pessoas a encontrarem significado no seu trabalho, por meio de uma participação ativa e de outras condições que promovam um sentimento de valorização e reconhecimento, especialmente na relação com as lideranças e com colegas de convívio direto.

O trabalho se transforma em prazer quando gera um sentimento de valorização e reconhecimento, possibilita aprender sobre um fazer específico, criar, inovar e desenvolver novas formas para execução da tarefa, bem como quando são oferecidas condições de interagir com os outros, de socialização e reforço da identidade.

O trabalho vem se tornando cada vez mais central na vida das pessoas, o que acarreta consequências paradoxais para a integridade física, psíquica e social dos trabalhadores. De um lado, o trabalho – como atividade constituinte da identidade do trabalhador, assume papel essencial para assegurar a saúde, de outro modo, os contextos nos quais ele se insere, de condições precárias e de falta de oportunidades, pode contribuir para o surgimento de doenças ocupacionais, psicossomáticas e até mentais, de tal forma que a Organização Mundial da Saúde já inclui a depressão e a síndrome de *burnout* como doenças que podem gerar afastamento do trabalho e com todo o respaldo dos sistemas de segurança social dos países.

A oportunidade de trabalho, para um refugiado, representa muito mais do que geração de renda, é a possibilidade de preservar a sua integridade física, mental e psíquica, bem como a sua cidadania.

A identificação dos elementos propostos pelo MAEP (identidade, crenças, valores, propósito, sonhos, visão de futuro, objetivos) possibilita definir que ações são necessárias para atingir os objetivos individuais, e aumenta a motivação, pois os tais **motivos para ação** sempre estão relacionados à satisfação das necessidades humanas, como vimos na figura 4. As ações são movidas pelas necessidades, direcionadas pelos valores e refletem os nossos modelos mentais, que são o conjunto de percepções e entendimento do mundo e de nós mesmos.

Por outro lado, a qualidade do que fazemos, a forma como trabalhamos dependerá das competências exigidas para executar, com sucesso, as ações necessárias à consecução de nossos objetivos. Fleury e Fleury (2001) definem competências individuais como "um saber agir responsável e reconhecido, que implica mobilizar, integrar, transferir conhecimentos, recursos, habilidades que agreguem valor econômico à organização e valor social ao indivíduo". Esse é um aspecto muito importante a ser considerado, pois independentemente das competências que tenham e daquilo com o que trabalhavam em seus países, os refugiados precisam literalmente mobilizar, integrar e transferir seus conhecimentos e habilidades para colocarem à disposição daquilo que o mercado de trabalho no Brasil lhes oferece, especialmente quando têm uma formação profissional qualificada que, por um conjunto de fatores, não é reconhecida (um diploma, por exemplo), e os forçam a trabalhar em atividades menos qualificadas. Cabe uma consideração: hoje, mesmo com a força de trabalho brasileira, observamos esse fenômeno, pois muitas pessoas saem de cursos de graduação sem emprego na área e acabam atuando em atividades diferentes de sua formação acadêmica.

A formação acadêmica não garante competência, pois é um conceito que, além do conhecimento (obtido na formação acadêmica ou não), envolve habilidades que são desenvolvidas pelo exercício frequente da técnica; e também requer atitudes, que dizem respeito às competências emocionais. Essas são mais generalistas, pois qualquer que seja a atividade, são necessárias para que haja bons resultados. Independentemente de como sejam definidas, as competências emocionais serão sempre descritas por comportamentos relacionados aos cinco atributos da Inteligência emocional estudados por Goleman (1996), a saber: autoconhecimento, automotivação, autocontrole, empatia e habilidades interpessoais.

O Fórum Econômico Mundial (2016) definiu as dez competências globais para o trabalho em um ambiente de transformação digital: pensamento crítico, capacidade de resolver problemas complexos, julgamento e capacidade de decisão, flexibilidade cognitiva, orientação para servir, criatividade e inovação, gestão de pessoas, empatia, negociação e inteligência emocional. Observamos que todas essas competências estão diretas ou indiretamente relacionadas aos atributos da Inteligência emocional.

Dentre os atributos da inteligência emocional citados nas competências identificadas pelos entrevistados como essenciais para enfrentar a difícil experiência do refúgio, cabe ressaltar a resiliência, também conhecida como quociente de adversidade, que diz respeito à capacidade do indivíduo para lidar com situações adversas, o que seria o oposto da vitimização. O resiliente acredita na sua capacidade(cognitiva e emocional) de ultrapassar as dificuldades, reconhecendo, inclusive, a necessidade de pedir ajuda quando necessário, mas não transferindo a responsabilidade pela solução. O foco é na solução, não na causa do problema ou no culpado.

Essa competência é alimentada pela automotivação e está intimamente relacionada ao autoconhecimento, que gera autoconfiança, e ao autocontrole, pois quem perde o controle não consegue enfrentar o problema, porque compromete o entendimento da situação e mina a força emocional necessária para o aprendizado e a superação. A integração desses atributos resulta no sentimento de autoestima, que é um forte indicativo de inteligência emocional e que pode ser entendida como a disposição para experimentar a si mesmo como alguém competente para lidar com os desafios básicos da vida e ser merecedor de felicidade. Para pessoas que passaram pelas dores psíquicas da situação de refúgio, a possibilidade de resgatar a autoestima é essencial, pois será obtida a cada obstáculo vencido, a cada conquista, o que será possível com a inclusão dessas pessoas na sociedade por meio do trabalho.

Outra competência crítica para lidar com o refúgio é a capacidade de adaptação, pois é mais do que lidar com mudanças inerentes ao processo de evolução diário, trata-se de ajustar-se a condições físicas e culturais muito diferentes.

> Cultura são sistemas (de padrões de comportamento socialmente transmitidos) que servem para adaptar as comunidades humanas aos seus embasamentos biológicos. Esse modo de vida das comunidades inclui tecnologias e modos de organização econômica, padrões de estabelecimento, de agrupamento social e organização política, crenças e práticas religiosas, e assim por diante. (LARAIA, 1986:59).

A adaptação do indivíduo ao meio requer flexibilidade mental, e acreditamos que os elementos tratados no modelo de alinhamento estratégico pessoal – MAEP, contribuam de forma decisiva, pois a clareza de onde se quer chegar e de todos aqueles pontos ajudam na tomada de decisão de qual caminho seguir.

Aqui, retomamos a análise do âmbito individual para o social,pois ainda que as pessoas que definem as políticas de inclusão de refugiados nos quadros funcionais de suas organizações tenham sensibilidade para entender a complexidade do problema e percebam a importância estratégica dessa decisão, como abordado no capítulo anterior, a grande maioria das pessoas que está nas organizações não tem empatia com relação à problemática dos refugiados, e muitas vezes, não respeitam suas diferenças culturais e religiosas, suas dificuldades no aprendizado de um novo idioma e na adaptação a novas leis, regras, padrões de comportamento, cultura, dentre outros. Aliás, a falta de empatia também existe em relação a outras formas de diversidade, como gênero, geração, pessoas com necessidades especiais. Isso, porque hoje nota-se uma intolerância ao diferente, como é facilmente observado nas redes sociais, quando opiniões e pontos de vistas diferentes são desrespeitados.

Apesar das diferentes definições sobre diversidade, parece existir um certo consenso no que se refere à diversidade de identidades, baseada no conceito de pertencimento a grupos sociais e em como as diferenças de identidade afetam as relações sociais nas organizações, também observado no caso dos refugiados.

Em um ambiente com tanta diversidade e onde a competitividade está cada vez maior, é essencial buscar o que nos une, em detrimento do que nos separa, percebendo o diferente como complementar, para que possamos construir um verdadeiro elo de cooperação entre pessoas e nações.

As pessoas, individualmente ou em organizações, necessitam cada vez mais desenvolver competências interpessoais para superarem os inevitáveis e naturais conflitos emergentes dessa diversidade. Para isso, saber gerir as próprias emoções tornou-se fator crítico de sucesso para lidar com as emoções dos outros.

Apesar de tantas diferenças entre os povos, existe uma única linguagem verdadeiramente universal, a das emoções, expressa no riso, nas lágrimas emocionadas e em tantos outros gestos. Watzlawick (1967, *apud* Maldonado, 2004;31) afirma que a "cada comportamento implica uma comunicação e, portanto, é impossível não se comunicar". Nesse sentido, todo gesto, até o mais casual, é um gesto comunicativo. O que demonstra a importância da comunicação não-verbal como forma de desvendar os mistérios e a complexidade do comportamento humano, sendo necessário compreender o contexto onde a comunicação se estabelece.

A comunicação como ferramenta de gestão depende fortemente da forma verbal, falada ou escrita, para isso é fundamental que o refugiado aprenda rapidamente o novo idioma e que a empresa tenha certos cuidados para facilitar a compreensão daqueles que ainda não dominam o idioma local, usando ferramentas para assegurar a eficácia do processo comunicativo.

O conceito de aprendizagem 70:20:10 de Jennings (2016) fica evidenciado no aprendizado da língua portuguesa, pois os que ainda não dominam o idioma acabam por aprender informalmente, no dia a dia, ouvindo, repetindo, lendo, lançando mão de várias ferramentas tecnológicas, como *google* tradutor, no próprio telefone móvel, para aprender e se comunicar com os brasileiros, superando as formas tradicionais, como aulas de português oferecidas por algumas ONGs que apoiam os refugiados.

Os mais novos têm mais facilidade em aprender o português, inserir-se na sociedade e adaptar suas competências profissionais aos trabalhos oferecidos. Os mais velhos têm mais dificuldade, proporcionada não apenas pelo avanço da idade, como também por apego ao passado, por tristeza de tudo que ficou para trás, resultando em um sentimento de ambivalência, pois apesar do alívio de estarem aqui, suas mentes ainda estão no seu país de origem, onde construíram sua história. Enquanto eles olham para o passado, os mais jovens conseguem olhar mais para o futuro e, aceitando a nova realidade, se adaptam mais facilmente, por isso, os refugiados mais novos tendem a assumir os papéis de provedores de renda e sustento.

Como a eficácia da comunicação depende de quem transmite e de quem recebe, a escuta ativa é uma competência fundamental que não observamos em nossos ambientes de trabalho, pois existe uma grande impaciência em ouvir o outro, o que coloca o refugiado em uma posição vantajosa, pois existe, por parte dele, uma predisposição para entender o outro, o que implica uma atitude mais interessada e receptiva.

A cultura organizacional brasileira é conhecida como muito relacional, o que dificulta o comportamento assertivo dos indivíduos. Para manter o relacionamento interpessoal amistoso,temem falar o que pensam e ser mal-entendidos. Como as organizações estão se transformando em ambientes multiculturais, faz-se necessário estimular o posicionamento claro das pessoas frente às situações, sem medo de expressar suas ideias, sempre levando em consideração as percepções alheias, construindo relações francas e mais assertivas.

Para assumir comportamento assertivo, as pessoas precisam sentir-se seguras, ter empatia, autocontrole das suas emoções, para não perderem o ponto de equilíbrio e não se tornarem agressivas ou impositivas, expressando com tal veemência suas opiniões que,mesmo sem perceber, desconsideram as posições diferentes das suas. Estar à vontade para expor ideias afeta o engajamento das pessoas, seu senso de pertença.

Como as organizações que contratam refugiados lidam com o desafio da adaptação à nova cultura,é importante definir um programa de comunicação transparente por meio de distintas mídias como impressa, eletrônica e digital, para que as pessoas possam consultar documentos oficiais que as orientem na condução em diferentes situações.

As sugestões feitas nos anexos desta obra, sobre como se preparar para receber os refugiados em sua organização e como ajudá-los a se adaptar aos novos padrões do mercado de trabalho brasileiro, certamente possibilitarão um maior engajamento do trabalhador refugiado e um melhor aproveitamento das contribuições que esses profissionais possam trazer.

◇◇◇ 7 ◇◇◇

O Papel do Líder na Inclusão de Refugiados nas Organizações

Entendida a importância estratégica da inserção dos refugiados nas organizações como fator de competitividade, cabe-nos ressaltar o papel das lideranças nesse processo.Propositalmente, estamos usando a expressão liderança, pois sabemos que tanto na teoria quanto na prática, gestão e liderança são conceitos diferentes, ainda que erroneamente usados como sinônimos em alguns contextos.

Sabemos que gestores, são aqueles que independentemente do título de seu cargo (presidente, diretor, superintendente, gerente, supervisor e outros) recebem uma autoridade formalmente instituída para responder pelos resultados de uma determinada área ou empresa, e para isso devem planejar, organizar, dirigir e controlar os recursos direcionados por uma estratégia para obtenção desses resultados. Eles não necessariamente são líderes. Bem como nem todos os líderes têm função de gestão, porque a liderança independe de posição, ela é exercida pela capacidade de influência de uma pessoa sobre a outra, por fatores que independem da autoridade, mas estão relacionados a um conjunto de competências.

A forma como a organização trata a questão dos refugiados está além de como a área de Recursos Humanos contribui com esse processo, conforme abordado no próximo capítulo.

O sucesso ou fracasso da política de inserção do talento e da força de trabalho dos refugiados depende de como as lideranças se posicionam em relação a essa causa e dos próprios exemplos que elas demonstram na forma como acolhem e lidam, no seu dia a dia, com esses profissionais.

Como fazer com que uma equipe aceite bem esse profissional de uma cultura tão diferente, se muitas vezes, o próprio gestor tem atitude preconceituosa e pouco inclusiva?

A influência exercida não apenas por gestores, mas por outras pessoas que acreditem genuinamente na causa, e manifestem isso em suas atitudes do dia a dia, é fundamental para criar uma cultura inclusiva que construa valor a partir da diversidade.

Uma liderança engajada com o tema e ciente das circunstâncias promove o efeito cascata desse comprometimento em sua organização. Ela deve ser capaz de entender a singularidade de cada colaborador, intervindo para evitar mal-entendidos provenientes das diferenças culturais e até auxiliar os profissionais em seu processo de integração.

Verdadeiros líderes transformam pessoas, que transformam ambientes corporativos em ambientes mais saudáveis e onde as pessoas sejam mais felizes trabalhando. O poder para essa transformação vem de dentro dos indivíduos, do sentir-se capaz para realizar algo, da crença na própria capacidade de fazer acontecer e de ter recursos internos, de ter potencial a desenvolver e, principalmente, de ser capaz de superar os próprios limites. O verdadeiro líder tem esse poder e desperta esse mesmo poder nos outros, porque acredita e compartilha uma causa que faz sentido para o bem coletivo.

Felizmente, sabemos que a liderança é uma competência que pode ser desenvolvida, e que também passa por diferentes estágios, face às funções e desafios inerentes a cada uma dessas etapas. Para ser líder dos outros, é preciso primeiro ser líder de si mesmo. Pessoas que não conseguem fazer a gestão da sua vida pessoal, da sua carreira, do seu tempo, dos seus recursos financeiros, das suas emoções, dos seus relacionamentos, não reúnem condições básicas para gerir o outro.

Quando se conquista, pela experiência e pelo aprendizado, fica possível influenciar o outro, porque as ações valem muito mais do que as palavras. Mais do que um discurso bem elaborado, a liderança precisa ser "**exemplo**", precisa ter coerência entre discurso e ação.

A habilidade na comunicação ajuda, de forma significativa, pois através dela o líder consegue alinhar objetivos e expectativas; consegue instruir processos de trabalho; consegue convencer; gerir conflitos, enfim, quanto mais assertiva e eficaz a comunicação, mais fácil se torna o processo de gestão e mais possibilidade de sucesso o líder promove.

A premissa da liderança é a influência, que se dá com base na reciprocidade, na empatia, na capacidade de perceber as necessidades de seus liderados e criar as condições para atendê-las, e assim estabelecer a relação "ganha-ganha" entre os colaboradores e a instituição que eles representam. O aprendizado, que ocorre no exercício de diferentes papéis sociais, como por exemplo a maternidade ou paternidade, nos mostra que não devemos tratar as pessoas diferentes da mesma forma. Isso nos ajuda a perceber que, também no âmbito das organizações, tão injusto quanto tratar pessoas iguais de forma diferente, seria tratar pessoas diferentes de forma igual.

Os refugiados são pessoas que, mesmo genericamente tendo as mesmas necessidades que nós, têm uma forma de buscar e atendê-las com base na influência dos seus valores e padrões culturais. Apesar da situação de refúgio, tais influências continuam a fazer parte do funcionamento psíquico dessas pessoas, e certamente afetarão seu desempenho na organização.

A necessidade de ter flexibilidade no estilo de gestão fica evidenciada no nosso dia a dia, quando percebemos que nossos liderados são diferentes. Por exemplo, quando estamos diante de liderados que ainda não estão devidamente preparados tecnicamente, ou que não funcionam bem em equipe, ou, até mesmo, que não estão ainda comprometidos, precisamos ser mais DIRETIVOS.No entanto, ser mais diretivo não significa ser autoritário, ser grosseiro, prepotente, tirano, apenas significa dar direção, definir objetivos e metas, dar informações detalhadas sobre os processos de trabalho, entender que aquilo que pode estar óbvio para o líder e para quem domina o assunto pode não estar para um principiante em qualquer atividade.

O efeito de não dar DIREÇÃO a quem precisa dela pode ser tão prejudicial quanto o efeito de dar direção demais a quem já não precisa, e criar um ambiente de dependência, falta de iniciativa, desmotivação daqueles que já têm suficiente maturidade profissional para caminhar com suas próprias pernas.

Empatia e flexibilidade são atributos importantes em uma liderança, pois sem conseguir entender as perspectivas, necessidades, expectativas de seus liderados e, a partir disso, adequar seu estilo às diferentes situações, o líder não consegue obter das pessoas o seu verdadeiro comprometimento.E, nesse aspecto, além da coerência, a assertividade é fundamental. Ninguém confia em alguém que não demonstra o que pensa, o que é. Líderes precisam assumir posições claras; tomar decisões coerentes, que preferencialmente, envolvam as pessoas.

Vários estudos sobre inteligência emocional, especialmente nas lideranças, apontam para os reflexos da atitude do líder no desempenho de sua equipe e na ambiência da organização; em se tratando da integração dos refugiados, o desafio da liderança é ainda maior na promoção do engajamento das pessoas. Líderes devem ser agentes de transformação social, devem estimular comportamentos inovadores e a inteligência coletiva das comunidades. Verdadeiros líderes empoderam liderados e facilitam a criação de uma rede de desenvolvimento no âmbito pessoal, organizacional e social.

Somos uma sociedade carente de líderes inovadores, dotados de um novo modelo mental, orientado por crenças de que desenvolvimento e democracia caminham juntos, e de que uma nação forte depende de uma sociedade empoderada – líderes que acreditem que a riqueza de um povo é fruto de trabalho e de igualdade de oportunidades. A construção desta sociedade mais justa exige o compromisso de todos com uma atitude de responsabilidade e de agir coletivamente, com respeito com às diferenças.

◇◇◇ 8 ◇◇◇

O Papel do Especialista em RH e Boas Práticas de Inclusão do Refugiado no Mercado de Trabalho

Em um ambiente social onde ainda testemunhamos diversos tipos de exclusão, por exemplo, econômica, social e digital, temos de encarar o desafio da inclusão nas suas mais diferentes formas para nos tornarmos uma sociedade mais justa, democrática, moderna e, por que não, mais feliz.

Utópico seria imaginar que as soluções passam somente pelas esferas governamentais, pois sabemos que a sociedade, como um todo, precisa estar absolutamente comprometida com o processo de transformação social e de resgate da cidadania, e não é por acaso que o terceiro setor cresceu tanto na última década.

As empresas, em níveis diferentes, já percebem seu novo papel e a necessidade de sair de uma postura passiva de cumprir apenas com as suas obrigações legais para assumir uma postura proativa de integrar valores éticos, compromisso social e foco nos resultados do seu negócio, visando à sustentabilidade do sistema social, de modo mais amplo. Exatamente dentro desse contexto, agora abordamos o conceito de cidadania corporativa, que nos reporta a uma reflexão sobre a cidadania individual, na medida em que a organização são as **pessoas.** Se os valores individuais, a ética e a consciência da cidadania não estiverem presentes em cada um, não é possível ter uma empresa socialmente responsável.

A decisão de incluir a força de trabalho de refugiados certamente é uma manifestação clara de que a empresa é gerida por pessoas cidadãs,que reconhecem que seu papel está muito além do simples compromisso com o resultado financeiro do negócio, sua consciência as levam a promover impactos positivos à sociedade com a atuação da empresa.

A área de Recursos Humanos tem a importante missão de cuidar das pessoas para que elas façam acontecer. Em um mundo de grande complexidade e de profundas e aceleradas mudanças, o profissional de RH precisa ser um agente transformador para que sua organização possa acompanhar e até mesmo liderar a evolução tecnológica, conhecida como revolução 4.0. Assim sendo, a organização demanda novos modelos de gestão, novas ferramentas, bem como orientar sua cultura para a inovação, preservando valores, ética e características culturais que possam criar vantagens competitivas.

É comprovado que produtividade impacta resultados, e estudos demonstram que pessoas mais felizes e engajadas ao propósito da organização são mais produtivas. Portanto, humanizar as organizações é um fator crítico de sucesso.

No passado,a função de RH limitava-se a administrar o registro de pessoal e a folha de pagamentos. Hoje existem sistemas altamente sofisticados, nos quais todo esse trabalho é feito de forma muito mais precisa e rápida, bem como outras funções da administração de RH. A figura do profissional de RH como um tirador de pedidos de um cliente que dizia o que queria, e o RH entregava sem ter qualquer tipo de influência na construção dessa solução, foi substituída pela figura de um consultor de soluções, que precisa ser desenhada a partir do conhecimento do negócio e das necessidades do cliente. Mais do que construir a solução, hoje o profissional de RH ajuda a entender a necessidade e muitas vezes se antecipa, oferecendo soluções para demandas que ainda nem foram identificadas.

No caso dos refugiados, devido ao pequeno número de empresas brasileiras que adotaram a política de inclusão dessa força de trabalho em seus quadros, o papel do profissional de RH é fundamental, no sentido de promover a reflexão sobre os impactos positivos dessa decisão e os desafios que ela envolve por parte de toda a organização.

Geralmente, a contratação de pessoas refugiadas é feita pela área de Aquisição de Talentos da empresa, outras vezes, quando existe, é feita pela área de Diversidade e Inclusão. Cabe às pessoas responsáveis por essas áreas conhecer profundamente o tema e as práticas das empresas que já têm alguma experiência nessa matéria, por isso, compartilhamos no capítulo 3 o *case* da Sodexo, e nos anexos, os manuais que foram elaborados para apoiar a contratação e a inclusão de profissionais refugiados na empresa.

O guia para o refugiado inclui aspectos legais de trabalho, como entender um *holerite*,e alguns pontos importantes da relação trabalhista no Brasil. O guia para as empresas, que pretende orientar as equipes que irão receber os refugiados, desmistificando mitos sobre o tema, informando sobre os documentos que eles possuem para a contratação. Contudo, para alcançar resultados positivos com a contratação da força de trabalho dos refugiados, é necessário conhecer bem a legislação, rever as políticas de atração, seleção e contratação, bem como criar um consistente programa de acolhimento e integração dessas pessoas, bem como programas consistentes de capacitação e desenvolvimento de competências básicas, como idioma, técnicas (sobre os processos da empresa) e comportamentais, para apoiar no processo de aculturação.

Todos os processos de Recursos Humanos precisam ser revistos, pois desde o cardápio do restaurante aos intervalos e espaços em turnos de trabalho, para as manifestações religiosas e culturais, são essenciais para que essa decisão agregue valor ao negócio. Um dos grandes desafios da área de RH e de toda a liderança é a gestão da comunicação interna. Ela deve permear toda a organização, confirmando o compromisso com a causa.

Quando pesquisamos sobre as práticas de diversidade adotadas pelas empresas mais preocupadas com esse tema, identificamos muitas ações interessantes para a grande maioria voltada à questão de gênero, orientação sexual e geracional. Poucas empresas entendem que a inserção dos refugiados como força de trabalho é uma ação fundamental para lidar com a questão das diferenças raciais, culturais e religiosas.

Para que o multiculturalismo seja uma vantagem estratégica para a organização, é importante que seus gestores sejam capazes de entender a singularidades de cada colaborador, bem como seus padrões culturais, tema que deve passar a ser parte integrante dos programas de desenvolvimento de lideranças.

Referências Bibliográficas

Disponível em: <http://www.acnur.org/t3/fileadmin/Documentos/portugues/Publicacoes/2014/Protegendo_refugiados_no_Brasil_e_no_mundo_2014.pdf?view=1> Acesso em: 10/12/2015, 11/12/2018, 12/2/2019.

AÇÃO COMUNITÁRIA. ACNUR: número de pessoas deslocadas chega a 68,5 milhões em 2017. Disponível em: <https://nacoesunidas.org/acnur-numero-de-pessoas-deslocadas-chega-a-685-milhoes-em-2017>. Acesso em: 07/03/2019.

______. Convenção Relativa ao Estatuto dos Refugiados. Disponível em: <http://www.acnur.org/t3/fileadmin/scripts/doc.php?file=t3/fileadmin/Documentos/portugues/BDL/Convencao_relativa_ao_Estatuto_dos_Refugiados> Acesso em: 10/01/2015, 2018, 2019.

______. Dados sobre Refúgio no Brasil. Disponível em: <http://www.acnur.org/portugues/recursos/estatisticas/dados-sobre-refugio-nobrasil/?sword_list[]=NUMERO&sword_list[]=DE&sword_list[]=REFUGIADOS&sword_list[]=NO&sword_list[]=BRASIL&no_cache=1> Acesso em: 20/07/2018.

ACNUR. Deslocando-se através das Fronteiras. Disponível em: <http://www.acnur.org/t3/portugues/quem-ajudamos/refugiados>Acesso em: 19/05/2019.

______. Direitos e Deveres dos Solicitantes de Refúgio e Refugiados no Brasil. Disponível em: <http://www.acnur.org/t3/fileadmin/Documentos/portugues/Publicacoes/2012/Direitos

_e_Deveres_dos_Solicitantes_de_Refugio_e_Refugiados_no_Brasil_-_2012.pdf?view=1>, pag.4. Acesso em: 16/06/2016, 15/3/2017, 22/6/2018, 10/3/2019.

______. Informação Geral, Perguntas e Respostas. Disponível em: <http://www.acnur.org/portugues/informacao-geral/perguntas-e-respostas/> Acesso em: 20/07/2016, 22/4/2017, 10/2/2018, 2/2/2019.

ALBION, Mark. Making life Making a living. New York: Waner Books, 2000.

AMABILE, T. M. (1996). *Creativity in context. Update to the social psychology of creativity.* Boulder, CO: Westview Press.

ARBACHE, Ana P.; DUTRA, Denize. Recursos Humanos: transformando pela gestão. Rio de Janeiro: Editora FGV, 2018.

ARBACHE, Ana Paula Bastos. A Política das Cotas Raciais na Universidade Pública Brasileira: Um desafio ético. 281 f. Tese (Doutorado em Educação – Currículo) – Programa de Estudos Pós-Graduados em Ciências Sociais, Pontifícia Universidade Católica de São Paulo, São Paulo, 2006.

ARCOVERDE. Letícia. Escolas de negócios precisam dar ensino para a vida toda. Valor Econômico, São Paulo, 28 mar. 2019. Caderno Empesas, Carreira, p. B2.

ASSECIO, Claudia. Na Síria, não vejo futuro aos jovens, diz refugiado aluno da Unicamp. Globo.com. Piracicaba e Região. 2016. Disponível em: <http://g1.globo.com/sp/piracicaba-regiao/noticia/2016/04/na-siria-nao-vejo-futuro-aos-jovens-diz-refugiado-aluno-da-unicamp.html>. Acesso em: 29/04/2016.

BAENINGER,Rosana. Atlas de Migração do Estado de São Paulo, 2009.Disponível em:

<http://www.nepo.unicamp.br/simesp/Site/Atlas%20de%20 migração/atlasmigracaosp.pdf>Acesso em: 10/12/2018.

BARRETO, C. E. F. Responsabilidade social das empresas: um estudo de caso. 292 f. Tese (Doutorado em Ciências Sociais) – Departamento de Ciências Sociais, Pontifícia Universidade Católica de São Paulo, São Paulo, 2003.

BARRETO, Luiz Paulo Teles F. (org.). Refúgio no Brasil: a proteção brasileira aos refugiados e seu impacto nas Américas. Brasília: ACNUR, Ministério da Justiça, 2010.

BARROCAL, André. Em cinco anos, dobra o número de refugiados no Brasil. Carta Capital, 2015. Disponível em: <http://www.cartacapital.com.br/revista/864/de-bracos--abertos-2778.html>Acesso em: 10/12/2015.

BERTERO, Carlos Osmar. Rumos da estratégia empresarial. RAE Light, São Paulo, v. 2, n. 2, p. 20-5, mar./abr. 1995.

BHABHA, H. *Without boundary, with fereshteh daftari and orhan. Pamuk*, 2006.

BRANDEN, Nathaniel. AUTOESTIMA. São Paulo: Saraiva, 1998.

BRASIL. Lei nº 9.474, de 22 de Julho de 1997. Define mecanismos para a implementação do Estatuto dos Refugiados de 1951 e determina outras providências. Brasília, DF, 22 jul. 1997.

BRASIL. Lei nº13.445, de 24 de maio de 2017.Institui a Lei de Migração. Dispõe sobre os direitos e os deveres do migrante e do visitante, regula a sua entrada e estada no país e estabelece princípios e diretrizes para as políticas públicas para o emigrante. Brasília, 24 mai. 2017.

BRASIL. Ministério da Justiça. Refúgio em números – 3. ed. Disponível em:

http://www.justica.gov.br/news/de-10-1-mil-refugiados--apenas-5-1-mil-continuam-nobrasil/refugio-em-numeros_1104.pdf. Acesso em: 08/05/2018.

CAPALBO, Paula. O processo da contratação do refugiado. [mensagem pessoal]. Mensagem recebida por <paula@litto.com.br>, em 31/03/2016.

CARTILHA TRABALHANDO COM REFUGIADOS. 2015, 2018. São Paulo: Agência da ONU para Refugiados (UNHCR ACNUR). Coord. Julia Bertino Moreira, Rosana Baeninger. 2015. p. 1-6.

CERTO, Samuel C. Administração estratégica: planejamento e implementação da estratégia. 2. ed. São Paulo: Pearson Education do Brasil, 2005.

COMISSÃO DAS COMUNIDADES EUROPEIAS. Livro verde: promover um quadro europeu para a responsabilidade social das empresas. Bruxelas, 2001.

CONARE / MINISTERIO DA JUSTIÇA. MJ divulga dados sobre refugiados e anuncia medidas de fortalecimento do Conare. Disponível em: <https://www.justica.gov.br/noticias/mj-anuncia-medidas-de-fortalecimento-do-comite-nacional-para-os-refugiados-1> Acesso em: 20/01/2016, 2018.

CRISP, R. J., & TURNER, R. N. (2011). Cognitive adaptation to the experience of social and cultural diversity. *Psychological Bulletin, 137*(2), 242-266.

DELFIM, Rodrigo Borges. Trabalho para refugiados é tema de encontro no Palácio dos Bandeirantes. 2015, São Paulo. Disponível em: <http://www.pactoglobal.org.br/Artigo/210/Trabalho-para-refugiados-eh-tema-de-encontro-no-Palacio-dos-Bandeirantes> Acesso em 10/02/2016.

DIÁRIO POPULAR.Vaticano faz acordo com Benetton sobre imagem polêmica do papa. Cultura. Rio de Janeiro, 15 maio 2012. Disponível em: <http://www.diariopopularmg.

com.br/vaticano-faz-acordo-com-benetton-sobre-imagem--polemica-do-papa/.. Acesso em 05/05/2019.

DUANE IRELAND, R. *Administração Estratégica.* 10.ed. São Paulo: Cengage Learning, 2014.

ERIKSON, E. H. *Identidade, Juventude e Crise.* Rio de Janeiro: Zahar editores, 1976.

Evolução das cidades. Disponível em: https://brasilescola.uol.com.br/historia/evolucao-das-cidades.htm>. Acesso em 29/03/2019.

FEITOSA, Vinicius; LEO, Claudia Cruz; MORAND, MaryBeth. Roundtable on Solidarity, Coexistence and Integration of Refugees in the City of São Paulo. UNHCR. São Paulo. 2015. Disponível em:<http://reliefweb.int/report/brazil/building-communities-practice-urban-refugees--brazil-roundtable-report> Acesso em: 02/03/2016.

FLEURY, Afonso; FLEURY, Maria Tereza L. Estratégias empresariais e formação de competências: um quebra-cabeça caleidoscópio da indústria brasileira. 3. ed. São Paulo: Atlas, 2004

FOLHA DE SÃO PAULO. Governo brasileiro quer acolher até 20 mil refugiados sírios por ano. Disponível em: <http://www1.folha.uol.com.br/mundo/2016/05/1769930-governo--brasileiro-quer-acolher-ate-20-mil-refugiados-sirios-por-ano.shtml>. Acesso em: 25/07/2016.

______. Saiba quais são os principais conflitos que alimentam a crise de refugiados na Europa. Disponível em: <http://www1.folha.uol.com.br/asmais/2015/09/1676793-saiba--quais-sao-os-conflitos-que-alimentam-a-crise-de-refugiados-na-europa.shtml> Acesso em: 20/11/2015.

FRANKL, Viktor. Em busca de sentido: um psicólogo no campo de concentração. Petrópolis: Vozes, 1994.

FRIEDMAN, R., & LIU, W. *Biculturalism in management: Leveraging the benefits of intrapersonal diversity.*In R. S. Wyer, C.-Y. Chiu, & Y.-Y. Hong (Eds.), *Understanding culture: Theory, research and application* (pp. 343-360). New York: Psychology Press, 2009.

GIL, Antonio Carlos. Como elaborar projetos de pesquisa. 4. ed. São Paulo: Atlas. 2008.

GOLEMAN, D.Inteligência Emocional.São Paulo: Objetiva, 1996.

GOVERNO DE SÃO PAULO PROMOVE EVENTO DE APOIO A REFUGIADOS E IMIGRANTES. 2015. São Paulo. Disponível em: <http://www.pactoglobal.org.br/Artigo/209/Governo-de-Sao-Paulo-promove-evento-de-apoio-a-refugiados-e-imigrantes> Acesso em: 10/02/2016.

HOFSTEDE, Geert. Culturas e organizações: compreender a nossa programação mental. Lisboa. Edições Sílabo, 1997.

HARVARD DEUSTO, Business Review (n. 264) · Recursos humanos · Fevereiro 2017 Disponível em: https://www.harvard-deusto.com/la-diversidad-en-la-empresa-fuente-de-innovacion-y-de-oportunidades Acesso em: 12/02/2019.

HAYDU, Marcelo et al. A integração de refugiados no Brasil. (orgs.) 60 anos de ACNUR- Perspectivas de futuro. São Paulo: Editora CL-A Cultural, 2011.

INGLIS, C. (1996). *Multiculturalism: New policy responses to diversity*. Paris: United Nations Educational, Scientific and Cultural Organization.

ISMAIL, Salim. *Transformações exponenciais*. Rio de Janeiro: Alta Books, 2019.

JENNINGS, Charles; ARETS, Jobs; HEIJNEN, Vivian. *70 20 10: towards 100% performance*. Maastricht: Sutler Media,2016.

KAPLAN, Robert S.; NORTON, David P. *A execução premium: a obtenção de vantagem competitiva através do vínculo da estratégia com as operações do negócio*. Rio de Janeiro: Elsevier, 2008.

________. *A estratégia em ação: balanced scorecard*. Rio de Janeiro: Campus, 1997.

LARAIA, R. B. *Cultura: um conceito antropológico*. Rio de Janeiro: Zahar, 1986.

LEÃO, Renato Zerbini R. (Compilação e comentários). *O reconhecimento dos refugiados pelo Brasil. Comentários sobre as decisões do Conare*. Brasília: Conare – Ministério da Justiça/Acnur, 2007.

LOBATO, David Menzes et al. *Gestão estratégica.2*. ed. Rio de Janeiro: Editora FGV, 2017.

LEUNG, A. K.-Y., & CHIU, C.-Y. (2010). Multicultural experience, idea receptiveness and creativity. *Journal of Cross-Cultural Psychology, 41*(5), 723-741.

MALDONADO, Mauro. *O desafio da comunicação: caminhos e perspectivas*. São Paulo: Palas Athena, 2004.

MARCHESAN, Ricardo. Buscando trabalho, refugiados têm dificuldade para comprovar formação.uol.com.br. Disponível em:<http://economia.uol.com.br/empregos-e-carreiras/noticias/redacao/2015/10/07/buscando-trabalho-refugiados-tem-dificuldade-para-comprovar-formacao.htm> Acesso em: 26/12/2015.

MASLOW, Abraham Harold. *Motivation and personality*.New York:Longman, 1954.

MÉDICOS SEM FRONTEIRAS. Disponível em: <https://www.msf.org.br/quem-somos>. Acesso em 02/05/2019.

MELO, Luísa. Empresas contratam refugiados com ajuda de programa social. Exame.com, 2015. Disponível em: <http://exame.abril.com.br/negocios/noticias/empresas-contratam-

-refugiados-com-ajuda-de-programa-social> Acesso em: 10/12/2015.

MINISTERIO DAS RELAÇÔES EXTERIORES, Política Externa. Refugiados e CONARE. Disponível em: <http://www.itamaraty.gov.br/pt-BR/politica-externa/paz-e-seguranca-internacionais/153-refugiados-e-o-conare> Acesso em: 20/07/2016.

MISSÃO PAZ. Eixo Trabalho. Disponível em: <http://www.missaonspaz.org/#!eixotrabalho/cma1>. Aceso em 01/04/2016.

MOK, A., MORRIS, M. W., BENET-MARTÍNEZ, V., & KARAKI TAPOGLU-AYGUN, Z. (2007). Embracing American culture: Structures of social identity and social networks among first-generation biculturals. *Journal of Cross-Cultural Psychology, 38*(5), 629-635.

MOREIRA, Julia Bertino; BAENINGER, Rosana. *A integração local de refugiados no Brasil. Mini-Feature Brasil.* Forced Migration, Guatemala,n. 35, Jul. 2010.

MORGADO, A. P. D. V.*A mulher invisível: sentidos atribuídos à mulher e ao trabalho na gerência intermediária.* 301 f. Tese (Doutorado em Administração de Empresas) – Escola de Administração de Empresas de São Paulo da Fundação Getúlio Vargas, São Paulo, 2012.

MORIN, Edgar. *A cabeça bem-feita: repensar a reforma, reformar o pensamento.* 10. ed. Rio de Janeiro: Bertrand Brasil, 2004.

NEUTROGENA. Disponível em: <http://mundodasmarcas.blogspot.com/2006/05/neutrogena-beautiful-and-beneficial.html>. Acesso em 04 Mai 2019.

OLIVETTE, Cris. Diversidade abre portas para refugiados. Disponível em: <https://economia.estadao.com.br/blogs/radar-do-emprego/diversidade-abre-portas-para-refugiados/>. Acesso em 03 Mai 2019.

PARR. Edição Comemorativa de 4 anos. São Paulo: 2015. 26 slides, apresentação *Power Point.*

PORTER, Michael Eugene. *Vantagem competitiva: criando e sustentando um desempenho superior.* Rio de Janeiro: Campus, 1992.

REDE BRASILEIRA DO PACTO GLOBAL. Refugiadas são capacitadas para o mercado de trabalho em São Paulo. Disponível em <http://www.pactoglobal.org.br/Artigo/201/Refugiadas-sao-capacitadas-para-o-mercado-de-trabalho--em-Sao-Paulo> Acesso em 10/02/2016, 2018, 2019.

______. Vídeo sobre refugiadas no Brasil celebra Dia Internacional dos Direitos Humanos. 2015. Formato Adobe Flash Player. Disponível em: <http://www.pactoglobal.org.br/Artigo/212/Video-sobre-refugiadas-no-Brasil-celebra-Dia-Internacional-dos-Direitos-Humanos> Acesso em 10/02/2016, 12/3/2018, 20/4/2019.

______. Integração de refugiadas passa pelo trabalho. 2016. Disponível em: <http://www.pactoglobal.org.br/Artigo/214/Integracao-de-refugiadas-passa-pelo-trabalho> Acesso em 12/02/2016, 10/1/2018, 19/04/2019.

Refugiados e migrantes venezuelanos já são 3 milhões no mundo. Disponível em: <http://agenciabrasil.ebc.com.br/geral/noticia/2018-11/refugiados-e-migrantes-venezuelanos-ja-sao-3-milhoes-no-mundo>.Acesso em 03/03/2019.

ROBBINS, Stephen; JUDGE, Timothy A.; SOBRAL, Filipe. *Comportamento organizacional: teoria e prática no contexto brasileiro.* São Paulo: Pearson, 2011.

ROESCH, Sylvia Maria Azevedo. *Projetos de Estágio e de Pesquisa em Administração: guia para estágios, trabalhos de conclusão, dissertações e estudos de caso.* 3. ed. São Paulo: Atlas, 2005.

SAAD, C. S., DAMIAN, R. I., BENET-MARTÍNEZ, V., MOONS, W. G., & ROBINS, R. W. (2012). *Multicultura-*

lism and creativity: Effects of cultural context, bicultural identity, and ideational fluency. Social Psychological and Personality Science, 4(3), 369-375.

SANTOS, Camila N. A contratação da refugiada. [mensagem pessoal]. Mensagem recebida por<escnds@ambev.com.br> em 16/06/2016.

SELIGMAN, M. *Felicidade autêntica: usando a nova psicologia positiva para a realização permanente.* Rio de Janeiro: Objetiva, 2004.

SELLTIZ, C.; WRIGHTSMAN, L. S.; COOK, S. W. *Métodos de pesquisa das relações sociais. São Paulo*: Editora de Universidade de São Paulo, 1987.

______. Facts and figures about refugees. Disponível em:<http://www.unhcr.ie/about-unhcr/facts-and-figures-about-refugees> Acesso em: 20/01/2016, 10/4/2018, 30/04/2019.

SEN, Amartya.*Desenvolvimento como liberdade.* Rio de Janeiro: Companhia das Letras, 2000.

SENGE,*Peter et al.* A quinta disciplina: caderno de campo. Rio de Janeiro: Best Seller, 1998.

SODRÉ, Lu. Brasil de fato. De acordo com agência da ONU, as solicitações de refúgio no país aumentaram 118% em 2017. Disponível em: <https://www.brasildefato.com.br/2018/06/20/refugiados-no-brasil-sofrem-com-racismo--demora-de-documentacao-e-falta-de-politicas/>. Acesso em 14/03/2019.

TADMOR, C. T., HONG, Y.-Y., CHAO, M. M., WIRUCHNIPAWAN, F., & WANG, W. (2012). *Multicultural* experiences reduce intergroup bias through epistemic unfreezing. Journal of Personality and Social Psychology, *103*(5), 750-772.

TADMOR, C. T., GALINSKY, A. D., & MADDUX, W. W. (2012). *Getting the most out of living abroad: Biculturalism and integrative complexity as key drivers of creative and professional success. Journal of Personality and Social Psychology, 103*(3), 520-542.

TAMAYO, Álvaro; PORTO, Juliana Barreiros (orgs.). *Valores e comportamento nas organizações*. Petrópolis: Vozes, 2005.

TEIXEIRA, E. C. *O local e o global: limites da participação cidadã*. São Paulo: Cortez, 2001.

VILÁ, Omar Rodríguez; BHARADWAJ, Sundar. A competição pela finalidade social. Disponível em: <https://hbrbr.uol.com.br/a-competicao-pela-finalidade-social/>. Acesso em 01/05/2019.

YIN, Robert K. Estudo de Caso: *Planejamento e métodos*. 2. ed. Porto Alegre: Bookman,2001.

ANEXOS

A. Manual para o Refugiado:
O que é Preciso Saber para
Trabalhar no Brasil?

B –Manual para Empresas que
Empregam os Refugiados

◇◇◇ Anexo A ◇◇◇

Manual para o Refugiado: O que é Preciso Saber para Trabalhar no Brasil?

Elaborado por *Lilian Rauld* (2016)

RNM: Registro Nacional Migratório

É o documento de identidade de todos os estrangeiros que moram no Brasil.

Antes de obter o documento de RNM original, o estrangeiro recebe um protocolo provisório que tem o mesmo efeito legal. Fique atento à data de validade que consta no protocolo para retirar o documento original.

A emissão e a renovação do RNM são feitas em unidades da Polícia Federal.

O documento de RNM original tem data de vencimento. É responsabilidade do refugiado renovar o documento, por isso, fique atento a essa data para acudir as unidades da Polícia Federal.

CPF: Cadastro de Pessoa Física

O CPF é o registro na Receita Federal brasileira para nacionais ou estrangeiros. É um documento fundamental, pois além de identificá-lona Receita Federal, também é utilizado por agências bancárias, órgãos do governo, instituições de ensino e diversas organizações públicas e privadas. O CPF ésolicitado em qualquer unidade de atendimento ao contribuinte da Receita Federal do Brasil. Os endereços e outras informações podem ser encontrados no site: www.receita.fazenda.gov.br ou pelo Receita – telefone 146.

CTPS:Carteira de Trabalho e Previdência Social

É o documento que comprova a vida ativa do trabalhador, atestando a natureza do trabalho, o tempo de serviço, a remuneração e o cumprimento das obrigações trabalhistas. Pode ser solicitada por qualquer pessoa com idade igual ou superior a 14 anos e seu uso é obrigatório para o exercício de atividade profissional. A CTPS pode ser emitida na Superintendência Regional do Trabalho e Previdência Social ou nas gerencias regionalizadas. Para verificar o local mais próximo da sua residência, consulte: https://portal.mte.gov.br/postos/

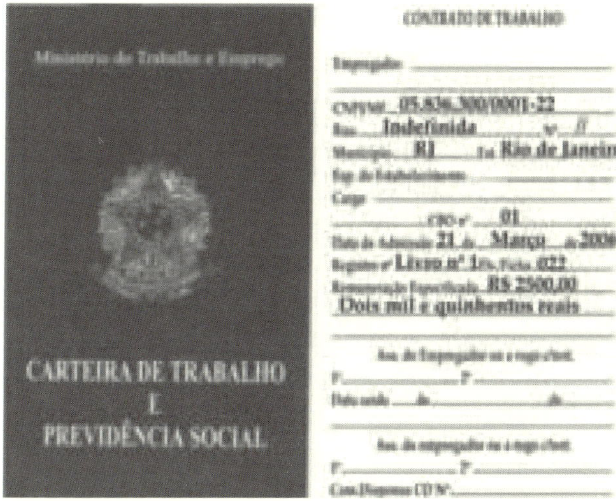

Outros Documentos que lhe Serão Solicitados pela Empresa Contratante

1. Original e uma cópia da certidão de nascimento e casamento (se for o caso);
2. Original e uma cópia da certidão de nascimento da companheira (se for o caso);
3. Original e uma cópia do RG da companheira (a) (se for o caso);
4. CPF da companheira (a) (se for o caso) : original e uma cópia;
5. Certidão de Nascimento dos filhos (menores de 21 anos;
6. Original e uma cópia da carteira de vacinação dos filhos(Até sete anos);
7. Original e uma cópia da declaração de frequência escolar dos filhos (de dete até 14 anos de idade): original e uma cópia;

8. Original e uma cópia do comprovante de residência (conta de luz ou de telefone, que contenha o CEP) :
9. Duas fotos 3x4 iguais e recentes.

Tipos de Contratos Permitidos por Lei

1. Prazo Indeterminado

   É o modelo mais convencional de contrato de trabalho. O funcionário tem o registro de emprego na sua CTPS com data de início para começar suas atividades e sem data de término.

2. Prazo Determinado

   É aquele contrato de trabalho que tem prazo de duração de, no máximo,dois anos, podendo ser prorrogado durante esse tempo, porém uma vez cumpridos os dois anos, deve ser substituído peloprazo indeterminado.

   IMPORTANTE:

   Os contratos de trabalho de tipo indeterminado e determinado dão direito, além do salário mensal, a um décimo terceiro salário proporcional ao período trabalhado. Após 12 meses de serviços prestados, o trabalhador terá direito a 30 dias de licença remunerada a título de férias mais 1/3 (dez dias de salário) de abono de férias, por força de lei.

3. Temporário

   Esse tipo de contrato de trabalho é utilizado para atender a uma necessidade transitória de substituição de seu pessoal regular e permanente ou ao acréscimo extraordinário de serviços. Em geral essa contratação é feita por empresas intermediarias que assumem a responsabilidade dos pagamentos. Duração máxima de três meses.

Saiba como Entender seu Holerite de Pagamento

Exemplo Recibo de Pagamento de Salário

EMPREGADOR

Nome

Endereço

CNPJ

Referente ao Mês / Ano

CÓDIGO	NOME DO FUNCIONÁRIO	CBO	CARGO

Cód.	Descrição		Referência	Proventos	Descontos
001	SALARIO BASE	❶	220,00	3.000,00	
005	HORAS EXTRAS	❷	2,00	27,27	
006	DSR SOBRE HORAS EXTRAS	❽		4,04	
201	VALE TRANSPORTE	❻	6%		180,00
202	VALE REFEIÇÃO	❼	22		66,00
203	CONTRIBUIÇÃO SINDICAL	❾	1		109,09
204	INSS	❸	11%		333,44
205	IRRF	❹			57,19
MENSAGENS				Total dos Vencimentos	Total dos Descontos
				3.031,31	745,73
				Líquido a Receber->	2.285,59

Salário Base	Base Cálc INSS	Base Cálc FGTS	FGTS do Mês	Base Cálc IRRF
3.000,00	3.031,31	3.031,31	242,51	2.697,87

1. **Saláriobase**

   É a remuneração mensal que um trabalhador recebe, sem considerar os descontos oficiais obrigatórios, como ISS e IRRF.

2. **Horas extras**

   São as horas trabalhadas além da jornada diária ou semanal.

3. **DSR ou RSP**

   Descanso Semanal Remunerado ou Repouso Semanal Remunerado

   Esse valor corresponde a um adicional pago pelas horas extras.

4. **Vale-Transporte**

   É um benefício por meio do qual o empregador antecipa o valor gasto com transporte para que o trabalhador se desloque dasua residência para o local de trabalho e vice-versa. O custo do vale-transporte é dividido entre o trabalhador e empregador.

5. **Vale-Refeição**

   Benefício que visa à alimentação do trabalhador durante a jornada de trabalho.

   Ovale-refeição, quando oferecido, pode ter 20% do seu valor total descontado do salário do empregado.

6. **Contribuição Sindical**

   Corresponde a um dia de trabalho. Esse valor é descontado de todo empregado no mês de março de cada ano ou no primeiro mês, se a admissão foi feita após o mês de março.

7. **FGTS**

   Fundo de Garantia por Tempo de Serviço

   É um depósito efetuado pelo empregador que corresponde a 8%do salário do empregado,depositado em uma conta na Caixa Econômica Federal com o objetivo de auxiliar quando houver encerramento da relação de emprego.

8. **INSS**

   Desconto que se destina a pagamentos de aposentadoria, auxílio-doença, pensão por morte, auxílio acidente e vários outros benefícios previstos por lei. Os valores variam de acordo com o salário de cada um, entre 8% a 11%.

9. **IRRF**

   É um desconto que corresponde a um tributo mensal destinado ao governo. O valor da contribuição varia de acordo com o salário do empregado, que pode ser isento ou ter descontos entre sete e meio por cento a 27,5%.

10. **Mensagens**

    Correspondem a informações adicionadas pelo empregador,como por exemplo períodos de férias, data de pagamento do 13o salário ou outras informações.

O valor liquido é depositado na conta salário do empregado.

O que é a Conta Salário?

A empresa ou instituição possui convênios para os pagamento de salários com algum banco. A empresa solicita ao banco a abertura da conta salário, para que possa depositar os vencimentos dos seus funcionários/beneficiados.

A conta salário admite apenas o depósito feito pela empresa ou pelo pagador, e só pode ser movimentada com cartão de débito.

O titular da conta pode optar por manter o dinheiro na própria conta salário ou transferir para uma conta corrente ou poupança. Caso deseje, também pode transferir para outra instituição financeira.A empresa contratante deve providenciar o encaminhamento para a devida abertura da conta.

Sobre Qualificação para o Trabalho

Para obter mais informações sobre o mercado de trabalho, cursos técnicos e profissionalizantes e vagas disponíveis, o trabalhados deve procurar um Centro de Atendimento ao Trabalhador (CAT) da sua cidade.

Contatos Importantes:

Polícia Federal: 194 ouestrangeiros@dpt.gov.br

CONARE: 61 20253659 ou conare@mj.gov.br

CAT: http://www.catpr.org.br/curriculo.html

Central de atendimento Alô Trabalho: número 158

Receita Federal do Brasil: www.receita.tazenda.gov.br ou pelo Receita fone 146

Ministério do Trabalho: trabalho.gov.br/postos/

◇◇◇ Anexo B ◇◇◇

Manual para Empresas que Empregam Refugiados

10 Mitos sobre Refugiados

1. Refugiados e Imigrantes não têm Diferença

   Falso: Os refugiados são todos os homens e mulheres que se viram obrigados a deixar seus países de origem por causa de uma perseguição por motivos de raça, religião, nacionalidade, por pertencer a um determinado grupo social ou por suas opiniões políticas. Os imigrantes, pelo contrário, são aqueles indivíduos que se mudam para outro país por iniciativa própria, para buscar uma vida melhor.

2. Refugiados Estão Fugindo de seus Países por Algo Grave que Fizeram

   Falso. De fato, para que seja concedida a solicitação de refúgio, a pessoa não pode ter cometido delito, seja em seu país de origem ou em quaisquer outros lugares.

3. Refugiados não Podem Trabalhar no Brasil

   Falso. O Brasil assumiu o compromisso internacional de fornecer proteção a refugiados que, como qualquer cidadão brasileiro, buscam integração e sustento. A solicitação formal de refúgio regulariza, temporariamente, a permanência do solicitante no Brasil, garantindo o direito ao trabalho e o acesso aos serviços públicos de saúde e educação.

4. Refugiados não possuem Documento para Trabalhar

   Falso. Toda pessoa refugiada possui um documento de identidade válido no Brasil, que é emitido por autoridades brasileiras, igual qualquer estrangeiro.

5. A Maioria dos Refugiados não Possui Qualificação Profissional

   Falso. Muitos refugiados são qualificados profissionalmente e falam mais de um idioma.

6. Refugiados não são Trabalhadores Comprometidos

   Falso. Eles têm um alto nível de comprometimento com seu trabalho e demonstram muito interesse no aprendizado de novas funções. Constantemente agradecem a empresa que lhes deu a oportunidade de trabalho.

7. Refugiados não têm Direitos Trabalhistas

   Falso. São trabalhadores que têm os mesmos direitos que os trabalhadores brasileiros. O empregador que contrata refugiados deve cumprir todas as regras impostas pela CLT, convenções e acordos coletivos, como assinar a CTPS, respeitar o salário-mínimo, horas extras, conceder férias remuneradas, recolher contribuições previdenciárias e FGTS, entre outras.

8. Refugiados não Podem ser Contratados Porque não Sabem o Idioma Português

Falso. Desde que o refugiado chega ao país tem a possibilidade de estudar português de forma gratuita por meio de instituições públicas e da sociedade civil, que lhe oferece cursos de nível básico. Existem também treinamentos culturais e cursos de qualificação profissional, que apoiam o refugiado para uma melhor inserção dentro da empresa.

9. Proporcionar um Posto de Trabalho não Ajudará a Inseri-los na Sociedade

   Falso. Eles precisam reconstruir sua vida, e para isso é fundamental trabalhar e se sentirem parte de um grupo e do ambiente, assim esperam que as empresas abram as portas e lhes deem uma oportunidade profissional para se tornarem parte da sociedade.

10. Contratar um Refugiado Pode Trazer Problemas para o Clima Laboral

    Os depoimentos das empresas que contratam mão de obra refugiada relatam que o ambiente laboral tornou-se mais humano e saudável, gerando nos colaboradores um orgulho de formar parte da empresa, além de aumentar a reputação corporativa.

Documentos

Após sua chegada no país, o refugiado recebe um Protocolo provisório da Polícia Federal para emissão do Registro Nacional de Migratório, que é emitido pela Polícia Federal e tem validade de um ano, renovável até que o CONARE decida o pedido do refúgio do solicitante. De acordo com a Lei 9.474/1997 art. 6 e 21 e Resolução Normativa 18 do CONARE art. 2, S2, o protocolo é um documento válido em todo o território nacional e comprova que o portador está regular no Brasil.

RNM

Após alguns meses (aproximadamente 180 dias), as autoridades emitem o documento RNM, válido em todo o território nacional, que é o mesmo que todos os estrangeiros que moram no Brasil têm, com a mesma legitimidade do RG.

Protocolo Provisório ou RNM são documentos de identidade que devem ser aceitos como documentos de identificação do refugiado no Brasil. Todos os órgãos públicos e empresas estão obrigados, por lei, a aceitar esses documentos.

CPF – Cadastro de Pessoa Física

No mesmo momento de adquirir o protocolo provisório, o refugiado obtém um número de CPF, como qualquer cidadão brasileiro.

CTPS- Carteira de Trabalho e Previdência Social

É a mesma que a CTPS dos cidadãos brasileiros, e confere todos os diretos previstos na CLT. A validade é de um ano, como o protocolo provisório, renovável até a decisão do processo de refúgio.

É importante esclarecer que, por serem estrangeiros, os refugiados não possuem os seguintes documentos:

- **Título de Eleitor**

  Nenhum estrangeiro possui esse documento, pois não tem direito a votar no Brasil – por isso o refugiado também não possui.

- **Certificado de Reservista**

Por ser estrangeiro, o refugiado também não possui esse documento, pois não pode prestar serviço militar no Brasil.

- **Comprovantes de Escolaridade**

É provável que os refugiados não tenham consigo os diplomas e certificados, pois em muitos casos tiveram que deixar seus países em caráter de urgência.

Passo a Passo para Contratar um Refugiado

Passo 1

A empresa interessada deverá entrar em contato com as instituições de ajuda na reintegração aos refugiados, que intermediam os interessados em emprego e o empresariado.

Instituições que podem auxiliar:

ACNUR: Alto Comissariado das Nações Unidas para Refugiados: http://wwwacnurorg/portugues/

ADUS: Instituto de Reintegração do Refugiado: http://wwwadus.org.br/ CARITAS ARQUIDIOCESANA SÃO PAULO: www.caritassp.org.br CONARE: Comitê Nacional para os Refugiados: www.mj.com.brlconare MISSÃO PAZ: http://www.missaonspaz.org/

PARR: Programa Apoio para a Recolocação de Refugiados APOIO PARA A RECOLOCAÇÃO DE REFUGIADOS: http://refugiadosnobrasil.com/

INSTITUTO VENEZUELA: Apoio para a contratação de pessoas venezuelanas: https://www.institutovenezuela.org/

Passo 2

As empresas deverão preencher um formulário/ficha ou se cadastrar através dos sites das instituições com os dados da empresa e as vagas disponíveis.

Passo 3

As instituições disponibilizarão os currículos dos candidatos com o perfil, para serem entrevistados pela empresa.

Passo 4

Logo que a empresa seleciona o candidato, já pode iniciar os trâmites de contratação com os documentos necessários.

IMPORTANTE

As instituições fazem um acompanhamento periódico das empresas contratantes e mantêm contato com os próprios refugiados para avaliar, de perto, a inserção no local de trabalho.

Entre em sintonia com o Mundo

Qualitymark Editora Ltda.

Rua José Augusto Rodrigues, 64 – sl. 101
Polo Cine e Vídeo – Jacarepaguá
22275-047 – Rio de Janeiro – RJ
Tels.: (21) 3597-9055 / 3597-9056
Vendas: (21) 3296-7649

E-mail: quality@qualitymark.com.br
www.qualitymark.com.br

Dados Técnicos:

• Formato:	14 x 21 cm
• Mancha:	11 x 18 cm
• Fonte:	New Century Schoolbook
• Corpo:	11
• Entrelinha:	13
• Total de Páginas:	132
• 1ª Edição:	2019